なんとなく、仏教
無宗教の正体

木村文輝
Kimura Bunki

大法輪閣

なんとなく、仏教

——無宗教の正体

木村 文輝

目次

装幀：福田和雄（FUKUDA DESIGN）

なんとなく、仏教——無宗教の正体

はじめに

日本の文化には、そのすばらしさを言葉で説明できないものがたくさんあります。例えば、フランスのヴェルサイユ宮殿の庭園は、数学的に計算し尽くされたシンメトリー（左右対称）の美しさを誇るのに対して、日本の禅寺の庭は、その美しさを論理的に、あるいは数学的に表現することはできません。庭そのものが左右非対称な上に、一つの石の場所がそこでなければならない理由を、論理的に説明することは不可能なのです。あくまで、その庭を見た人が、直感的に「これだ」と判断するしか、その美しさを評価することはできません。あるいは、名品とされる茶碗の美しさをいくら言葉で説明しても、しょせん、それは美の要素の一部を語っているだけで、美しさそのものを語ることにはなりません。それどころか、そのような試みは無粋の極みに終わるだけでしょう。真の美しさは心の目で感覚的にとらえるしかないのです。そのような、いわば言葉を越えた感覚を、あえて言葉で表そうとすれば、「なんとなく」としか言いようがないように思います。

「適当」という言葉に、「その場しのぎの」という否定的な意味と、「ほどよく調和された」という肯定的な意味があります。それと同じように、「なんとなく」という言葉にも、「不確かな」とか「曖昧な」という否定的なニュアンスと、「言葉では論理的に説明できないけれども、感覚的、あるいは直感的にそう思う」という肯定的なニュアンスがあるのではないでしょうか。日本の文化のすばらしさを語るための「なんとなく」は、もちろん、その中の後者のニュアンスです。

「なんとなく、仏教」という本書のタイトルも、そのような肯定的なニュアンスで、日本人の仏教観、あるいは宗教観を表現したものです。つまり、仏教や宗教に対して、日本人はそれを言葉や論理で説明するよりも、むしろ言葉から離れて、心や感性で「なんとなく」感じ取っているのではないかと思うのです。ところが、それを「なんとなく」としか表現できないために、日本人の多くは、自分たちの宗教が曖昧なもの、あるいはいいかげんなものだというように否定的に考えてしまっているのではないでしょうか。そうだとすれば、この「なんとなく」の宗教心の正体を、できる範囲内ではあるけれども、言葉に置き換えてみることも大切なことかもしれません。

そのような思いから、本書では日本人の仏教観を、かたくるしい考察ではなくて、わかりやすい話し言葉でまとめてみました。三章からなる本文の内容は、実際に私がいろいろなところでお話しした約一時間半の内容を、その時の録音をもとにしてまとめたものです。そのため、異なる章で内容的に重複する箇所もありますが、その点はお許し願いたいと思います。また、コラムには、過去数年間の年末に、拙寺で檀信徒の皆さまにお配りした四つの文章を収録しました。肩ひじを張ることなく、気楽な思いで読みながら、日本人と仏教との関わりを、前向きに考えるきっかけとしていただければ幸いです。

第一章　神さま・仏さま・イエスさま

1　宗教と日本人

ヨーロッパへ旅行に行きますと、訪問地の中には必ずキリスト教の教会が入っています。ヨーロッパへ行って教会を一つも訪れずに帰ってくるということは、よほど旅慣れた人の場合であって、たいていは、どこへ行っても必ず教会巡りが付いてきます。ヨーロッパへ行ったら教会とお城。これが半分以上だと聞いたことがありますけれども、とにかくかの地では、生活の中に宗教が当たり前のように入っているのですね。あるいは、多民族の国でしたら、人々が信仰している宗教も多彩であり、キリスト教の人がいれば、イスラム教の人もいる。もちろん、仏教の人もいます。そのような中で、まずは相手の宗教について、ある程度の理解を持っておくことは、お付き合いをするための最低限のマナーとなるでしょう。

例えば、友人を食事に招待する時に、相手がどんな宗教の人かを知らないと、大変なことになります。豚肉を準備しておいて、「さあどうぞ」とお招きしたら、「イスラム教徒の私に豚肉を食べさせるつもりなのか」などと、けんかになってしまうかもしれません。では、豚肉がダメならばと思って牛肉を準備したら、今度はヒンドゥー教徒の人が困ってしまうでしょう。人と人とがお付き合いをする際に、それぞれの人の宗教が何かということは、男か女かということよりも重要な問題になることもあるのです。そのようなことが、実は世界の中ではしばしば起こります。それだけ、宗教を信じている、もしくは宗教を尊重しているということが、人間としては当たり前だということなのです。

それに比べて、日本に住む私たちはどうでしょうか。おそらく、多くの人が、あまり宗教のことを気にせずに暮らしていると思います。ところが、宗教を気にしていないと言いながら、国内旅行へ行けばお寺巡りや神社巡りをします。それどころか、有名なお寺や神社へ行けば、せっかくだからということで、お守りを買って帰ろうということになります。その結果、一度の旅行の間に、様々なお寺や神社のお守りが四つも五つも集まってしまったということもよくある話です。「熱心ですね」と言われても、自分ではそんな自覚はありません。何気なくお寺巡りや神社巡りをして、なんとなくお守りを買ってきただけなのです。

あるいは、初詣《はつもうで》ともなると、日本各地で何百万、何千万という人々がお寺や神社に出かけます。これだけ多くの人たちが長蛇《ちょうだ》の列に並び、もみくちゃになりながら、仏さまや神さまにお参りをしています。それにもかかわらず、たいていの人たちは、「特に宗教に熱心なわけではないですよ」と言っているのです。考えてみれば、実に不思議な現象です。

その上、少し知識のある方は、さらに面倒なことをおっしゃいます。仏教はインドで生まれた外国の宗教であり、神さまとか神社は日本古来の伝統でしょう。外国から来た仏さまと、日本で昔から祀《まつ》られてきた神さまに対して、同じようにお参りをするのはいかがなものか。やはり、日本人は宗教に対していいかげんだなどと言うのですね。どちらか一方を選ぶべきだというのです。そのようなことを言われると、「確かにそのとおりかな。しかし、私はそこまで真面目《まじめ》ではないから、まあ、いいか」と言いたくなってしまいます。このように、神さまと仏さまをごちゃまぜにしている日本人の宗教観とは、いったいどのようなものなのでしょうか。さらに、神さまと仏さまと言えば、やはり、イエスさまも加えるべきかもしれません。クリスマスともなれば、日本中が沸《わ》き立っています。クリスマスと言えば、イエスさまです。そんなわけで、神さま、仏さま、イエスさま。それらを区別することなく受け入れている、日本人の宗教に対する考え方を考えてみたいと思います。

2 「信じる」ということ

マスコミなどで様々なインタビューや世論調査が行われることがあります。政治、経済、あるいは私たちの生活に関するアンケートなどもありますが、時々、日本人の宗教意識に関するアンケートが行われることもあります。宗教意識に関するアンケートですから、まず始めに尋ねられるのは、「あなたは何か宗教を信じていますか」という質問です。この質問が誰に向かってされたものかとか、その質問に答える方の年齢層によっても若干異なりますが、平均的には、「信じている」と答えるのが約三割。約七割の方は「信じていない」と答えるそうです。

ところが、同じアンケートの中で、「では、次の質問です。宗教や、宗教を信じる心は大切だと思いますか」と聞かれると、今度は約七割の人が「はい」と答えるとのことです。そうしますと、これらのアンケートを集計してコメントを書かれる方が、決まって次のようなコメントを出されます。「日本人の中で、宗教を信じていると答えた人はわずか三割にすぎない。これは世界的にみて、かなり低い数字である。しかし、その一方で、宗教や、それを信じる心が大切だと答えた人は約七割に上る。そうだとすると、宗教や、それを信じる心が大切だと考えながら、自分は宗教を信じていないという人が四割いることになる。これは実に不可思議な結果ではありませんか」というコメントです。中には、「やはり、日本人は宗教を真面目に考えてはいないのではないか」というコメントまでも現れます。

しかし、日本人は本当に宗教のことを真面目に考えていないのでしょうか。考えてみますと、「あなたは宗教を信じていますか」と尋ねられて、「はい。信じています」と答える人は、確かに多くはないように思います。それどころか、面白いことに、「毎年、初詣には神社に出かけ、墓参りには欠かさずお寺に出かける」と言う人や、「毎朝毎晩、必ず神社やお寺にお参りに行く」と言う人が、面と向かって「宗教を信じていますか」と尋ねられると、「私はそこまで真面目にやっていませんから」という理由で「信じていない」と答える例が多くみられるようなのです。しかし、毎朝毎晩、神社やお寺にお参りに出かけている人が、「私はそこまで真面目にやっていない」と言われては、「では、どうしたら真面目にやっていることになるのですか」と思わず聞き返したくなってしまいます。もしかしたら、神社に祀られている神さまの名前を知らないとか、仏教についての説明ができないということが、「真面目にやっていない」ことの理由かもしれません。しかし、そうだとすると、「真面目にやっている」人は、果たしてどれくらいいるのでしょうか。おそらく、そのような人は、それほど多くはいないはずです。どうやら、多くの日本人は物事を真面目に考えすぎる、あるいは、律儀《りちぎ》に考えすぎてしまうために、宗教を「信じている」人の割合が下がってしまっているのかもしれません。

そうしますと、宗教を「信じていない」と答えた方の中で、「宗教や、宗教を信じる心は大切だと思いますか」という質問には「大切だと思う」と答える方が多く含まれることになるのは、当然の結果だと言えるでしょう。一見すると、一つめの質問と二つめの質問に対して、それぞれ肯定的な回答を寄せた人の割合が矛盾しているようにも感じられますが、実際には人々の正直な思いがこのアンケート結果には表れているように思います。

実のところ、私自身のことを振り返ってみても、僧侶の末席を汚しているとは言いながら、やはり胸を張って「宗教を信じています」とか、「仏教を信じています」と答えることには、常に躊躇《ちゅうちょ》を感じているのです。

そこで、私は何に躊躇を感じているのかなと考えてみました。その結果、思いついたのが、「信じる」という言葉です。私たちは、普段の生活の中でも「信じる」という言葉を使っています。しかし、その言葉を、私たちは無意識のうちに二通りに使い分けているのです。

例えば、「先生を信じていれば、あなたは合格間違いなしだ」と受験生が言われたとしましょう。この時に、「私は先生を全面的に信じていますから、よろしくお願いします。私は何もしないけれども、大丈夫ですよね」と言って、それで合格してしまうようでは、「お前は先生に裏金をいくら払ったのか」と言われかねません。「危ない橋を渡っているのではないか」と言われてしまいます。この場合の先生を「信じる」という言葉は、あくまで先生を信頼して、先生の指導を信頼して、それに従って私自身が精一杯頑張るということを表しています。先生を信頼して私が精一杯頑張れば、私は合格できる、かもしれません。しかし、どれほど先生を信頼していても、私の努力が足りなければ、合格できないかもしれないのです。しかも、その合否の判定は、私が信頼している先生が行うわけではありません。あくまで客観的に、他の者によって行われることになるでしょう。つまり、先生を信頼することと、先生にすべてを委《ゆだ》ねることは別であり、先生にすべてを委ねてしまうわけにはいかないのです。

ところが、宗教を「信じる」とか神を「信じる」と言うと、皆さんは違うことを考えようとするのです。「神がいつも私を見守ってくださっている。だから、神を心から信じて、すべてを神に委ねれば、あとは神が必ず私を幸せにしてくれる。」そのように考えていませんか。実は、これはキリスト教的な発想です。もっとも、キリスト教と言っても、カトリックとプロテスタントでは多少考え方が違うようです。プロテスタント、とりわけ宗教改革を主導した一人であるカルヴァンの思想によれば、私たちの一人ひとりが、最終的に天国へ導かれるか、それとも地獄に落とされるかということは、初めから神によって定められていると言います。ですから、ここでは絶対的に神を信じるしかないのです。

それに対して、カトリックにおいては、私たちの行いの善し悪しにも重要な意味が与えられています。善い行いをなす者は天国に導かれ、悪い行いの者は地獄に落とされると言うのです。ただし、ここでいう善い行いとは神の教えに従うものであり、悪い行いとは神の教えに背くものです。そして、それぞれの行いの善悪は、最終的には神によって判定されます。したがって、やはりカトリックにおいても、最終的な判定者である神を全面的に信じ、神にすべてを委ねることが求められているのです。

このように、カトリックとプロテスタントではその教えに違いがあることは確かですが、いずれにせよ、神を「信じる」ことは、神にすべてを委ねることであることに変わりはないでしょう。そうだとすると、先に示しました「先生を信じる」という場合とは、やはり違っていることになるでしょう。

そして、仏教における「信じる」という言葉は、基本的には先生を「信じる」場合と同じ意味を表しています。つまり、お釈迦さまの教えを信頼する、あるいは、仏教の教えを信頼するということです。その上で、私が精一杯努力をすれば、幸せになれるかもしれません。反対に、どんなにお釈迦さま、あるいは仏教の教えを信頼していても、私自身が精一杯頑張らなければ幸せになることはできません。これが、仏教における「信じる」という言葉の意味なのです。

そして、そのことは、日本で古くから祀られてきた神さまたちに対しても同様です。日本の伝統的な神さまは、私たちが正しい祀りを行えば様々な恵みを与えてくださり、私たちが失礼なことを行えば様々な災いをもたらす存在です。そこには、お互いの信頼関係はありますけれども、何があろうとも神さまにすべてを委ねるという考え方はないのです。

もっとも、浄土信仰の阿弥陀如来《あみだにょらい》は、すべてを委ねて「信じる」べき対象と言えなくもないかもしれません。しかし、阿弥陀如来は、自己のすべてを自覚的に委ねていない者でさえも救ってくれる存在であり、必ずしも「信じる」ことを要求するわけではありません。もちろん、阿弥陀さまを「信じる」ことが不要だと言っているわけではありませんが、反対に、そのような覚悟を持たない者をも阿弥陀さまは救ってくれる。その意味において、信じない者は救われないという、キリスト教やイスラム教の神とは異なっていると言うことができると思います。

ともあれ、「宗教を信じる」とか「神を信じる」と言う際には、無意識的ではあれ、「信じる」という言葉がキリスト教的な意味で用いられており、そこでは自分のすべてを自覚的に投げ出すという、多くの日本人にとってはあまり馴染《なじみ》のない覚悟が込められているように思います。そうなりますと、仏教の教えに従う者としては、この質問に対して無邪気に「はい」と答えるわけにはいかなくなります。仏教の教えを信頼して、私自身が精一杯努力することこそが、仏教においては最も期待されていることなのです。のみならず、宗教に対して自分のすべてを委ねると聞くと、いまだにオウム真理教の記憶がよみがえってくる方もいるのではないかと思います。そのために、ますます多くの人々が、「宗教を信じている」とは積極的に答えないことになるのではないでしょうか。

3　以心伝心の宗教心

その上、この「信じる」という言葉は、とりわけキリスト教やイスラム教においては、もう一つの覚悟を求めてきます。それは、見たことも会ったこともない神の存在を、私は信じるという覚悟です。おそらく、キリスト教でもイスラム教でも、その信者のほとんどの人々は、神の姿を見たこともなければ、その声を聞いたこともないと思います。それにもかかわらず、彼らは神の存在を信じ、その神の存在を疑う者に対しては、一生懸命、その存在を説明しようと試みます。「神がいるから、私はこれまで幸せに生きてこられた。神がいるから、私たちは今日も、そしてこれからも幸せに生きていくことができる。そして、何よりも、神がいるから、宇宙があり、いのちがあるのだ。」聞いている方が、「もういいですよ」と言いたくなるくらいに、神の存在を説明してくれるのです。何のために、そこまでやるのでしょうか。もちろん、私には本当のところはわかりません。けれども、実際には会うことができない神の存在を、自分自身に納得させているのではないでしょうか。そうしなければ、自分自身が神を信じることができなくなってしまうのではないでしょうか。「直接、その御姿を見たことはないけれども、でも、神は絶対に存在する」ということを、まずは心の底から納得しなくてはならない。少々失礼な表現ではありますが、いわば、言葉を使って、徹底した自己暗示をかけているようなものではないでしょうか。そこまでして、見たこともない神の存在を納得しようという覚悟が求められるのです。

考えてみれば、キリスト教には二〇〇〇年の歴史があります。その二〇〇〇年の間、キリスト教徒は何に最も心を配ってきたのでしょうか。おそらく、ほとんどの人が見たことも会ったこともない神の存在を、人々に説明し、納得させることではなかったかと私は思います。そのために、神の存在を言葉で説明し続けてきました。だからこそ、もともとキリスト教とは関係のなかったアジアやアフリカやアメリカや、世界中のあらゆる所にキリスト教が広がることになったのです。まず、神は存在するということを徹底的に言葉で説明し、言葉で納得させてしまう。たとえ見たことはなくても、神は存在するということを言葉で納得した上で、初めて神を信じるという覚悟が定まる。信じるということは、まずは言葉によって、理屈によって、その信じる対象の存在を納得することから始まります。

ついでに申しますと、キリスト教では「神が世界を創造された」と説いています。では、どのようにして、神は何もないところから世界を創造されたのでしょうか。『聖書』の中の「創世記」によれば、神が「光あれ」と言われると、光が現れました。神が「天の下の水は一つ所に集まり、かわいた地が現れよ」と言われると、海と陸が現れました。つまり、神は言葉であらゆるものを創造されているのです。私は、キリスト教学の詳しいことは存じませんが、単純に考えれば、神の創造力の源泉は言葉にあると言えるのではないかと思います。そうだとしますと、キリスト教において、言葉は神に由来する絶対的なもの、いかなる矛盾も許されることのない、究極的な真実ということになるのではないでしょうか。

　そのような考え方が、やがて近代のヨーロッパにおいては、真実なるものは言葉で説明されなければならないとか、言葉で論理的に説明できないものは真実ではないという、いわゆる近代の合理主義の思想を生み出すことになりました。ですから、究極的な真理である神の存在も、言葉で説明できなければなりません。その御姿を見たことのない神の存在を、徹底的に言葉で説明することが極めて重要になるのです。

　しかし、日本人はそのようなことが得意ではありません。来る日も来る日も、神の存在を言葉で説明されたとしたら、多くの人はうんざりすることでしょう。それどころか、わずか一時間の話の後でさえ、「今の話を一分でまとめてください」と言われてしまうのがおちなのです。一分では説明できないから一時間も話をしているのに、その内容を一分でまとめてくれと言うのです。つまり、「そんな理屈はいらないから、心に訴えかける一フレーズで語ってほしい」というのです。日本人が好むのは、言葉や理屈による論理的な理解ではなくて、心や感性による直感的な把握。つまり、以心伝心《いしんでんしん》こそが求められます。ですから、できるだけ用いる言葉を減らして、あとは心で感じとる方法を磨き上げてきました。だからこそ、和歌とか俳句が生まれ、育まれてきたのです。わずか三十一文字《みそひともじ》、あるいは一七文字で、世界のすべてを感じ取るというのが、和歌や俳句の世界です。

例えば、松尾芭蕉の「古池や　蛙《かわず》飛び込む　水の音」という一句。これを聞いた時に、「古い池があって、そこにカエルがポチャンと飛び込んだ。だから何なんだ」と言ったら、「あなたは修行が足りない」と笑われてしまいます。この句を聞いて、目を閉じた瞬間に、そこに池がぱっと浮かんでくる。古い池だ。いつ頃からあるのかな。何人の人がこの池を見てきたのだろうか。そこの水は、どこで沸き上がった水蒸気が、どこの空を流れ、どこの山や川を経て、どうやってこの池に流れてきたのだろうか。カエルがいるのか。カエルの家族もいるのかな。いつから住んでいるのだろうか。カエルは何を食べているのだろうか。いろいろなことが頭に浮かんできます。それらの想像をどんどんさかのぼらせることによって、この池やカエルに直接的、間接的につらなる過去のあらゆる出来事、過去の宇宙の全体に思いが広がっていくはずです。

一方、カエルが飛び込んだ。ポチャンと音がしたけれども、同時に池の表面に水紋がさっと広がっていく。アメンボが驚いて逃げ出したかもしれない。それを見て、今度は水面に垂れ下がっていた柳の枝に止まっていたトンボがパタパタと飛び立つかもしれない。そうしたら、その音に驚いた鳥たちが一斉に飛び立って、空気が動いて森全体がざわめきたち、風が起こって、やがて宇宙全体に広がっていく。未来の宇宙の変化が、このカエルの一瞬の動作を通して、イメージされることになるのです。

わずか一七文字を聞いただけで、様々なことを思い描き、最後にはそこにつながる大きなネットワークを感じながら、宇宙の過去から未来に至るすべてをとらえようとする。これが日本人のやり方です。決して一つひとつを理詰めで説明するのではなくて、心や感性で宇宙のすべてをとらえようとします。そして、それこそが、日本の仏教が目指した悟りの境地、究極の目標だったのです。

中国から日本に曹洞宗の伝統を伝え、永平寺を開かれた道元禅師に、「峰の色　谷の響きもみなながら　わが釈迦牟尼《しゃかむに》の　声と姿と」という歌があります。山々の色づいている姿、谷川のせせらぎの響き。それらはすべて、私が尊崇してやまないお釈迦さまの説かれた真理を物語っている。そのような意味を表す一首です。峰の色が生まれるためには、そこに木々が生い茂っていなければなりません。そのためには木々を育む養分や水、虫たちの活動が必要ですし、気温の変化、風の動きなどもかかわっています。谷川のせせらぎも同じこと。大空を流れる大気の中で、上昇気流が発生し、そこから雨が降ることで、山に降り注いだ水が集まり、谷川に流れ込みます。目の前に広がる峰の色づきや谷川のせせらぎは、そうした大きなネットワークによって生み出された一瞬の結果にすぎません。しかし、それはまた、そこから始まる大きな展開の可能性を秘めています。目の前に広がる自然界の光景から、宇宙の大きなつながり、宇宙の壮大なネットワークをイメージすることができますか。そのようなメッセージが、このわずか三十一文字の中に込められているのです。

そうした日本人にとっては、やはり目に見えない神の存在を言葉で説明して、それを納得した上で神を「信じる」ということは難しいでしょう。むしろ、日本人は日本の神さまや仏さまの存在を、その場の雰囲気の中で、心や感性を通して感じています。あえて言葉を使わなくても、心や感性でその気配を感じ取れればいいのです。

例えば、ここに一つのお守りがあるとしましょう。「さあ、このお守りを踏んでごらん」と言われたら、たいていの人は「嫌だ」と言いますね。「なぜお守りを踏むのが嫌なのか」と聞かれれば、おそらく「ばちが当たるから」と答えるでしょう。「それなら、『ばち』って何ですか。なぜ、ばちが当たるのですか。論理的に説明してください」などと言ったら、「馬鹿なことを言うな」と言われてしまいます。「そんなことは、心で感じるべきだ。お守りには神さまが宿っていると私たちはなんとなく感じている。だから、このお守りを踏んだら、ばちが当たると私たちはなんとなく感じている。それでいいではないか」というのが一般的な答えでしょう。

あるいは、真っ暗な夜中に「お墓の中を一周してきなさい」と言われたら、やはりたいていの人は「嫌だ」と言いますね。なぜかと聞かれたら、「お化けが出そうで気味が悪い」と答えるでしょう。けれども、「お化けの存在を証明しなさい」ということを普通は言いません。むしろ、証明する必要はないのです。なんとなく感じるとか、なんとなくその気配を察する。それで充分です。

同じように、神社の拝殿で拍手《かしわで》を打ってお祈りをしていると、なんとなく清々《すがすが》しい気持ちになってきます。お寺の本尊さまの前で手を合わせていると、なんとなく心が穏やかになるような気がします。仏壇やお墓の前で目を閉じていると、なんとなく懐かしい人々の顔がまぶたの裏に浮かんできて、声が聞こえてくるような気がします。この「なんとなく感じる」というところに、日本人の宗教意識の特徴があるのです。そして、神さまの気配を感じ、仏さまの気配を感じ、ご先祖さまや幽霊の気配も感じた時に、私たちは、神さまや仏さまやご先祖さま、さらには幽霊に対してさえも、心を込めてお祈りをします。それこそが、日本人にとっての「宗教や、宗教を信じる心は大切である」という思いなのです。ですから、「あなたは宗教を信じていますか」と尋ねられた時に「いいえ」と答えながら、「宗教や、宗教を信じる心は大切だと思いますか」と問われたら「はい」と答える日本人の意識は、まったく矛盾したものでもなければ、不真面目なものでもありません。私たちは自分たちの判断に対して、もっと堂々と胸を張ってもいいのではないでしょうか。

4　見えないものを感じ取る

ところで、日本の神さまや仏さまも、私たちはその存在を目で見ることはできません。しかし、日本では、神さまや仏さま、あるいはご先祖さまやお化け、幽霊をも含め、あちらの世界の者たちは、私たちがその存在を感じるべき時には、必ず何らかの手がかりを与えてくれます。

まずは、音です。一番有名なものとして、「ヒュードロロロロ」という、幽霊が現れる時の音がありますね。あれは単に音が鳴っているだけではなくて、その音とともに幽霊が現れているということです。あるいは、雷さまが現れる時には「ゴロゴロゴロ」という音が鳴り響きます。

また、お寺で葬式などが行われる際には、様々な鳴らしものが鳴らされます。鐘や太鼓、あるいはシンバルのようなものが、始めはゆっくりと、やがてその間隔を縮めるようなやり方で、何回か繰り返して鳴らされます。宗派によっては和楽器が用いられることもありますが、これらはいずれも仏さまたちが堂内に現れたり、そこから立ち去る様子を表しています。そう言えば、京都の宇治の平等院鳳凰堂《びょうどういんほうおうどう》では、その真ん中に阿弥陀如来が鎮座《ちんざ》されていますけれども、その周囲の壁際には、様々な楽器を演奏する飛天たちが舞っています。これは、極楽浄土における妙なる音楽を奏でる飛天たちの姿であるとともに、極楽へ往生する人を迎えにくるために、阿弥陀如来とその一行がこの世に現れる姿を表しています。平安時代の後期以来、数多く描かれた「阿弥陀《あみだ》来迎図《らいごうず》」の中でも、極楽往生をする人を迎えにきた阿弥陀如来の周りには、楽器を奏でる大勢の菩薩たちが描かれています。このことからも、仏さまたちが登場する時には、様々な音が鳴らされていることがうかがわれるでしょう。

同じように、神社で神さまが現れる時には鈴が鳴らされています。巫女たちが舞いを奉納する時に鳴らされている鈴は、まさに神さまの姿を表しているのです。ですから、神社やお寺の様々な儀式の際にいろいろな音が鳴るのは、すべて、神さまや仏さまが登場される姿を伝えるための大切な作法であったということになるわけです。

しかも、登場する際に音が鳴るのは、神さまや仏さまだけではありません。人間の中でも、特別な人たちが現れる時には音が鳴ります。例えば、お寺で行われる儀式の際に、導師が登場する時には鐘や太鼓が鳴らされます。導師は豪華な金襴《きんらん》の袈裟《けさ》をまとっていますが、これは仏さまの力のシンボルです。それを身につけることによって、導師は一人の人間であると同時に、仏さまの力を身につけた存在として、仏さまと同じように音を鳴らしながら登場するのです。

あるいは、お相撲さんの土俵入りの際にも、拍子木《ひょうしぎ》の音が鳴らされます。お相撲さんも一人の人間ではありますけれども、普通の人にはあり得ないような大きな力の持ち主です。その力によって地下の悪霊を踏みしめるわけですから、お相撲さんたちは、あちらの世界の力を自分の身体の中に蓄えていると考えられます。ですから、お相撲さんが登場する時にも音が鳴ることになるのです。

それ以外にも、歌舞伎役者が舞台に登場したり、落語家が高座《こうざ》に上る時などにも音が鳴ります。これは、例えば、ある役者が弁慶を演ずる時には、その役者の身体に弁慶の魂が乗り移っているからなのです。つまり、あちらの世界の弁慶が、役者の身体に乗り移って舞台に登場しているから、音が鳴るのです。

このように、あちらの世界の者たちや、それらが乗り移っている人間が登場する時には音が鳴ります。それによって、あちらの世界の者たちは、自らの存在を人間たちに感じ取らせているのです。

しかし、この音以外にも、あちらの者たちが自分の存在を表している方法があります。それは、香りです。お化けや幽霊が現れる時には生臭い匂いがしてみたり、反対に、神さまや仏さまが現れる時には、この世のものとは思えない芳しい香りが漂います。阿弥陀如来が極楽へ往生する人を迎えにくる時には、美しい音楽とともに、えも言われぬ芳香が辺り一面に漂ったということです。そのため、儀式を行う際には、そこに神さまや仏さまがいることを表すために、その芳香を再現しようとしてお香が焚かれます。ですから、この時に用いられるお香は、できる限り良い香りのものでなければならないのですが、最高級のお香は一グラムあたり数万円などということになってしまいます。普段の儀式ではそんなに高級なお香を使うことができないため、やむを得ず安価なものを使用します。そのために「抹香臭い」ということになってしまうのです。

そのほかにも、例えば神さまが現れる際には一陣の風が吹き抜けてみたり、お化けや幽霊が現れる時には生暖かい風がそよぐなどということもあります。いずれにせよ、目以外の感覚器官、すなわち音を聞く耳や、香りをかぐ鼻、風を感じる皮膚感覚、それに、気配を感じる第六感。さすがに舌で味を感じることは稀ですが、仏さまから与えられた甘露水《かんろすい》は、文字通り舌で味わうものでしょう。このように考えると、あちらの世界の者たちの存在を感じ取るために、人間は目以外の感覚器官を総動員することが必要なのです。

事実、古代から中世の人々は、目でものを見る昼間はこちらの世界の者たちが活躍する時間であり、あちらの世界の者たちは、人間たちが目でものを見ることができない夜中に現れて、活動すると考えていたようです。だからこそ、例えば二〇年に一度行われる伊勢神宮の式年遷宮《しきねんせんぐう》の際にも、主だった神事は深夜の暗闇の中で行われているのです。

けれども、最近の世の中では、深夜になっても電灯が明々とつけられています。そのために、私たちは二四時間、視覚に頼るようになっています。その結果、目以外の感覚器官の働きは、ものすごく劣化してしまいました。つまり、神さま、仏さま、ご先祖さま、お化け、幽霊という、あの世の者たちの存在を感じ取れなくなってしまったのです。おまけに、学校教育の現場では、言葉による論理的な思考の訓練が繰り返されています。そのために、子どもたちは「なんとなく感じる」ことの大切さを見失いつつあります。加えて、安全確保の理由と塾通いの日常の中で、外で遊ぶことができなくなった子どもたちは、五感と第六感を磨く機会も得難くなっています。

さらに、そこに追い打ちをかけているのが、コンピューターの普及と、それにともなうデジタル社会の到来です。そこではアナログ的なものは軽視され、感覚的なものは評価の対象からはずされます。しかも、コンピューターを通して得られる情報は、目による視覚的な刺激と、せいぜい耳による聴覚的な刺激だけです。他の感覚器官は、ますますその活躍の場を奪われています。そうなれば、感覚的に感じ取るだけのあちらの世界の者たちは、これから生き残っていくことができるのでしょうか。少々不安を覚えないわけにもいきません。

5　神仏分離の影響力

さて、話が少しそれてしまいました。神さまと仏さまの話に戻りましょう。先ほども少し申しましたけれども、神さまはもともと日本で祀られていたものであるのに対して、仏さまはインドで生まれ、中国を経て日本に伝わってきた外国の存在です。つまり、神さまと仏さまは別の存在であり、その両者に同じようにお参りをするのはおかしいのではないかと言う方がいます。そういう方は、やはり日本人は宗教に対して真面目に考えていないのではないかとおっしゃいます。また、神主《かんぬし》や僧侶の中にも、それぞれお寺へは行かないとか、神社のお祭りには参加しないと言う方もいます。私は、毎年正月には、お寺の本尊さまにお参りをしますけれども、神社へも初詣に出かけます。そうすると、僧侶がなぜ神社へ初詣に出かけるのかという質問を受けることもあります。

しかし、神さまと仏さまをまったく別々の宗教として区別するようになったのは、それほど古い話ではありません。江戸時代まで、人々は神さまと仏さまに対して同じようにお参りをしていましたし、伊勢神宮などの一部の例外を除いて、たいていの神社はお寺によって管理されていました。神主が亡くなった場合には、江戸時代の後半になるまでは、その葬式もお寺で仏教式で行われていたのです。その一方で、お寺の敷地内には鎮守の神さまが祀られていることがしばしばありましたし、僧侶がお伊勢参りに出かけることもありました。

このように、神さまと仏さまを区別することなく、その両方を大切にしていた日本人に対して、神さまと仏さまは異なる宗教に属しているのだから区別しなければいけないと言い出したのは、江戸時代後期に活躍した国学者たちであり、その影響を受けた明治政府の役人たちでした。とりわけ、江戸幕府を倒した明治政府の役人たちは、神さまを大切にする一方で、仏さまとお寺に対しては非常に強硬な姿勢を示しました。

なぜ、そのようなことになったかと言うと、少々ややこしい話になってしまいますから、細かいことには立ち入らないことにしますけれども、一言で言えば、江戸幕府はお寺の勢力と密接に結びついていたのです。具体的には、江戸幕府はお寺を保護する代わりに、民衆の管理をお寺に委ねていました。いわゆる菩提寺とは何かと言えば、檀家の人々の誕生と死を見届け、その身元を保証する戸籍管理者だったのです。ですから、菩提寺が執り行う葬式とは、まさにその人の死亡確認という意味を帯びたものであり、死んだ後までも、それぞれのお寺の過去帳に記載することで、各家の先祖の管理も行っていたのです。

こうして、江戸幕府による民衆支配の一角を担っていたお寺は、江戸時代を通じて幕府に近い立場を保っていました。その幕府を明治政府は倒したのです。しかも、お寺は経済的にも大きな影響力を持っていましたから、お寺の力をそのまま放置することは、明治政府にとって極めて危険な勢力を野放しにすることと同じです。そのために、明治政府はお寺の力を削《そ》ぐことに執心することになりました。

さらに、明治政府にはもう一つの大きな問題がありました。それは、明治政府とは言うものの、その中で指導的な地位についた人々は、例えば西郷隆盛《さいごうたかもり》であれ、大久保利通《おおくぼとしみち》であれ、あるいは伊《い》藤博文《とうひろぶみ》であれ、いずれも武士とは言いながらも、身分の低い者たちでした。

江戸幕府の体制においては、将軍が一番頂点に位置しており、その下に各藩の大名がいて、それぞれの藩に家老をはじめとする上級武士がいます。その下に多くの下級武士が控えていましたが、西郷隆盛をはじめとする明治政府の役人の多くは、そうした下級武士にも及ばないような半農半士の出身でした。そのような人たちが、革命を起こして政府の頂点に立ったのです。今までどこで何をしていたのかもわからないような者たちが、いきなり頂点に立ったわけですから、各藩の大名や上級武士たちが面白いはずがありません。「あんな者たちの命令を聞けるか」となるわけです。そのような人々を、どうやって支配したらいいのでしょうか。そこで、明治政府の役人たちが利用したのが天皇だったのです。

とは言え、江戸時代を通して、天皇は京都の御所の中にいましたから、普通の庶民はほとんどその存在を知りません。そこで、明治政府の役人たちは天皇を東京まで連れてきて、天皇こそが日本の中心であることを印象づけました。江戸幕府の将軍たちも、天皇から任命されて権力を握っていたけれども、今ではそれも終わり、再び天皇自身が政治の中心に戻ってきたのだと宣伝したのです。

それにしても、そもそも天皇とは何者でしょうか。その答えが、日本の国土を生み、日本をその初めから守ってくださっていた神さまの子孫であり、伊勢神宮に祀られている天照大神《あまてらすおおみかみ》のご子孫だというものでした。その結果、天皇は神さまの子孫であるから、天皇を尊崇することは、神さまを尊崇することにつながるという理論が打ち出されることになりました。そうなりますと、天皇の祖先である神さまと、外国からやってきた仏さまをごちゃまぜにしてお参りすることは不都合であり、まして、仏さまに関わる僧侶たちが、神さまを祀る神社を管理することは許しがたいということになりました。そこで、神仏分離が断行され、そのことが結果的に廃仏毀釈《はいぶつきしゃく》を引き起こすことにつながりました。

その影響が、今に至るまで続いているのです。神さまと仏さまは別々の存在だから、両者を区別しなければなりません。そのような考え方が、神仏分離から一五〇年を経た今日でさえも、人々の考え方を支配しているのです。ところが、多くの人々は、頭ではそのようなことを理解しているけれども、実際の行動では神さまと仏さまを区別することなく、同じようにお参りをするという江戸時代までの作法が身体から抜けていないのです。そのために、「それはおかしいのではないか」と言われると、「確かに、おかしいですね」と言わざるを得なくなってしまい、神さまと仏さまに対して同じように手を合わせている自分自身の宗教行動を、「私はそこまで真面目ではないから」と言い訳せざるを得なくなっているのです。

けれども、そのような宗教行動が本当におかしいはずはありません。江戸時代までは、日本中のほとんどの人たちが、そうした行動をとっていたのです。もしも神さまと仏さまを分けなければおかしいというのであれば、江戸時代までの日本人は、皆がおかしなことになってしまいます。それこそが、おかしなことだと言わざるを得ないでしょう。

6　エネルギーを与える神さま

とは言え、神さまと仏さまがまったく同じ存在で、まったく同じ働きを期待されているわけではありません。では、どこにその違いがあるのでしょうか。もっとも、この問題をめぐっては、歴史的なことを言い始めると、大変にややこしいことになってしまいます。詳しいことは第二章でお話するとして、ここでは現在の私たちの視点から、神さまと仏さまの区別について考えてみたいと思います。

その区別を考えるヒントはどこにあるだろうかと思った時に、ふと思いついたのがお祭りでした。神社のお祭りは賑やかですよね。御神輿《おみこし》をかついで「わっしょい、わっしょい」とやっているうちに、皆が汗だくになって、ますます興奮していきます。そのうちにお酒まで入って、へべれけになりながら、それでもまだ踊り狂っていたりします。なんとも威勢のいいのが神社のお祭りです。それに対して、お寺の儀式は穏やかで、しっとりとした感じがします。もちろん、お寺にも華やかな儀式はあります。例えば、新しい住職が就任するための晋山式《しんさんしき》は、一世一代のおめでたい儀式であり、そこでは稚児《ちご》行列などが繰り広げられることもあります。しかし、それも神社のお祭りのような喧噪とは違います。ここに、何かヒントがあるのではないでしょうか。

神社のお祭りは、やればやるほど、どんどん力が湧き上がってくるような気がするのに対して、お寺の儀式では、心がすっと静まるような気がします。神さまは、知らず知らずの間に力を与えてくれるのに対して、仏さまは、揺れ動いている心を落ちつかせてくれる。そんなふうに考えてみたらどうかなと、ある時、ふと思いつきました。

すると、今度は「神」と「仏」という言葉を、私たちは無意識のうちに使い分けているのではないかということに気がつきました。例えば、一般的な日本語として、サッカーのとても上手な人のことを「サッカーの神さま」と言いますね。「サッカーの仏さま」とは言わないでしょう。「サッカーの仏さま」がいたら、オウン・ゴールをしてくれそうな気がします。あるいは、手術の大変上手な外科医のことを「神の手を持つ外科医」と言います。私は、「仏の手を持つ外科医」に手術をしてほしいとは思えません。そのまま成仏させていただけそうな気がして、とても怖いのです。やはり「サッカーの神さま」だし、「神の手を持つ外科医」なのです。その他、ある事柄に熱中している様子を「神がかり」的と表現することがありますし、最近の若者言葉としては「神《かみ》ってる」などと言うこともあるようです。そうした表現における「神」と言う言葉を、「仏」に置き換えることはできません。一方、とても優しい穏やかな人を「仏さまみたい」とか「生き仏さま」などと表現します。この場合も、「神さまみたい」とか「生き神さま」と言うことはできません。

つまり、私たちは無意識ながら、言葉の上でしっかりと「神」と「仏」を区別しているのです。その際に、「神」という語は、普通ではあり得ないような力や技術、エネルギーの持ち主を表しており、時には、そうした力などを周りの者に与えてくれる者をさしています。それに対して、「仏」は余分な力や感情、あるいは様々なエネルギーを鎮めた者、または、他の者たちのもつそうしたエネルギーを鎮めてくれる存在です。だからこそ、様々な怒りや欲望を鎮めた穏やかな人は「仏さまみたい」と表現されることになるのです。

考えてみれば、山には山の神さまがいて、その神さまがたくさんのエネルギーを発揮してくださるおかげで植物が生い茂り、動物が暮らすことになります。川では川の神さまがエネルギーを発揮してくださるおかげで、多くの魚が暮らすことができるのです。このように、名前もわからないような神さまも含めれば、数えきれない八百万《やおよろず》の神さまが日本中にはいらっしゃる。そうした八百万の神さまたちに対するお祭りをしたり、お祈りをしたりすることで、私たちは神さまたちから様々な力をいただこうとしているのです。

そのお祭りの中でも、全国で誰もが行っている最も大切なお祭りがお正月です。非常に地味ではありますけれども、このお祭りを欠かすことはできません。お正月には、「年神《としがみ》さま」という神さまが、私たちの家を一軒一軒訪ねてきてくださって、一人ひとりに一年間を暮らすためのエネルギーを与えてくれるのです。一年間を生きていくためのエネルギー、つまり「魂」ですから、「年魂《としだま》」。いわゆる「お年玉」です。

お年玉というと、子どもたちが大人からもらうお金のことだと思っていらっしゃる方も多いと思いますが、本来、これは神さまが老若男女、すべての人たちに与えてくださる一年分のエネルギーです。ですから、お年玉をもらいそびれたら大変です。一年間のどこかでエネルギーが切れてしまったら、生命が途絶えてしまいます。お正月に、海外旅行などに行っている場合ではないのです。

年神さまは、その大切なお年玉を一年に一度、運んできてくださるわけですから、非常に大切なお客さまです。ぞんざいに扱うわけにはいきません。そこで、人々は年神さまをお迎えするための準備を一生懸命することになるのです。

まず、一二月になると大掃除を始めます。家中の一年間の汚れを全部掃き清め、自分の心身も清めます。次に、しめ縄や門松を準備します。しめ縄は、ここから先は神さまのための特別な場所であることを示すもので、結界《けっかい》を張るとも表現します。一方、門松は神さまに来ていただくための目印であり、同時に、神さまに寄り付いていただくための依《よ》り代《しろ》です。

ちなみに、日本の神さまには一般的に姿かたちはありません。あえて言えば、エネルギーの塊のような存在です。そのような神さまは、ピョーン、ピョーンと飛び回ることはできますけれども、一か所に留まるためには何かに寄り付いていなければなりません。どこからか飛んできた神さまが門松に寄り付き、そこから家の中に入られます。

この神さまは大切なお客さまですから、家の中で最も格式の高い奥座敷にお招きします。そして、その部屋の中でも一段高い床の間に、屋内での依り代となる鏡餅を準備します。

この鏡餅が年神さまの依り代となる理由には、大きく二つの点があげられます。まずは、お餅であること。日本人は昔から米を食べて暮らしてきました。つまり、米こそが日本人の「いのち」の源です。その米を突き固め、エネルギーを凝縮させたものがお餅ですから、エネルギーを運んできてくださる神さまの依り代には最適です。ちなみに、門松も年中青々としている松や竹で作られますから、やはり神さまの依り代としては適役なのです。さて、鏡餅が依り代とされるもう一つの理由は丸い鏡の形です。古来、鏡は人々の魂や神さまの依り代として大切にされてきました。しかも、この丸い形は、人間のエネルギーが宿る心臓の形を模したものだとも考えられています。お年玉を与えてくださる神さまを、米で心臓の形を模した鏡餅の中にお招きしようということなのです。

さて、こうして家の中の準備が整いましたら、最後におせち料理を作ります。大切なお客さまをお招きするのですから、お客さまが来てから調理をしているわけにはいきません。普段食べることのないような豪華な料理を、お酒とともにあらかじめ準備しておくのです。

そして、いよいよ正月を迎えます。目に見えない神さまが鏡餅に寄り付いていますから、家族の者たちは鏡餅を祀った奥座敷に集まって挨拶を交わします。その時に、大切なお客さまをお迎えしていますから、普段着というわけにはいきません。誰もが正装して、和やかなウエルカム・パーティーを始めます。これが、神さまと人間が一緒に食事をする「神人共食《しんじんきょうしょく》」という儀式です。その後、百人一首をしたり、双六《すごろく》をしたりしながら、神さまとともに楽しい時間を過ごしている間に、神さまは一人ひとりに対してこっそりとお年玉を与えてくれることになるのです。

ところが、正月に年神さまから一年分のお年玉をもらったつもりでも、途中でエネルギーが切れてしまうことがあります。例えば、夏の暑さが厳しいと、エネルギーを使いすぎてしまって夏バテを起こしてしまいます。そうならないために、神さまにもう一度来てもらって、エネルギーの補給をする必要がでてきます。これが、夏祭りです。

しかし、それでもエネルギーが足りない人がいます。例えば、病気にかかってしまった人は、その病気を治すエネルギーをもらうために、神さまにお祈りを捧げます。受験生は学力増進のエネルギーをもらうために天神《てんじん》さまにお参りに行き、商売繁盛を願う人は、そのためのエネルギーをもらうために恵比須《えびす》さまにお祈りをします。そして、何よりも、子どもが生まれたら、その子どもが健やかに成長できるように、たくさんのエネルギーをもらうために初宮参りに出かけます。

もう一つ、例をあげておきましょう。一説によれば、花見も神さまからエネルギーをもらうためのお祭りです。春になって田植えを始めるためには、昨年の米作りでエネルギーが枯渇している田んぼに、神さまから新しいエネルギーをわけてもらう必要があります。そのために神さまが村々を訪れて、依り代となる桜の木に寄り付きます。神さまはエネルギーの塊のような存在ですから、その神さまが寄り付いている間、桜の木は一斉に花を咲かせます。つまり、桜が花を咲かせているのは、神さまがそこに留まっている証しです。人々は、この神さまを歓迎するために賑やかな宴会を催し、その間に神さまが多くのエネルギーを田んぼに撒いてくださることを期待します。そして、約一週間後、神さまが帰っていくと、桜は一斉に花を散らし、新しいエネルギーが満ち溢れた田んぼは、いよいよ田おこしと田植えの季節を迎えます。

このように、神さまは様々なエネルギーの所有者であり、それを私たちに与えてくださる存在です。私たちは必要に応じて、それぞれの分野にご利益のある神さまからエネルギーを分けてもらうために、お祈りを捧げることになります。つまり、日本における神さまは、人間が生きていくために必要な、様々なエネルギーの供給源と言うことができるのです。

7　エネルギーを鎮める仏さま

ところが、生きている間は多くのエネルギーが必要なのですが、人間には誰しも、必ず死ぬ時がやってきます。死にたくないと思っても、決して避けられないのが、この死という現実です。

そして、死んでしまった者にとっては、もはやエネルギーをもらっても、それを使うことができません。せいぜい、化《ば》けて出るだけです。しかし、化けて出るのでは、出る方も大変ですけれども、出られた方もたまりません。本当は、誰だって長生きをしたいけれども、残念ながら死んでしまったのであれば、その現実を受け入れなければなりません。死んだ後でたくさんのエネルギーを持っていたところで使い道がないわけですから、ここから先は神さまではなくて、仏さまの力を借りようというわけです。

では、仏さまとは何者でしょうか。もともと「仏」というのは、「悟りを開いた人」を表す言葉でした。そして、その最初の「仏」がお釈迦さまでした。では、お釈迦さまはどのようにして悟りを開かれたのでしょうか。

お釈迦さまによれば、人間は生きている間、様々な欲望や煩悩にとらわれており、「あれをやりたい」とか「これをやりたい」とか、あるいは「もっと金が欲しい」とか「もっと元気になりたい」とか、いろいろなことを考えています。しかし、いろいろなことを考えていても、そのすべてをかなえられるわけではありません。結局のところ、「うまくいかない」と言って、思い悩むことになります。このように、自分の願いがかなわずに、思うようにならないという苦しみを人々は経験することになるのです。「悟りを開く」というのは、まさにこの苦しみから逃れることです。そして、そのためには、心の中の様々な欲望や煩悩を鎮めなければならないとお釈迦さまは考えました。つまり、心を鎮めることの大切さを悟り、その境地を達成されたのです。

その上で、お釈迦さまをはじめとする仏さまたちは、自分の欲望や煩悩を鎮めるだけではなく、他の人たちの欲望や煩悩も鎮めて、その人たちをも苦しみから救ってあげたいと考えました。たいていの人々は、おそらくは死を前にして、様々な思いを抱かれると思います。「あれをしたかった、これもしたかった。」「子供の行く末、孫の行く末、さらには子孫の行く末までをも見届けたかった。」誰もがいろいろなことを思いながら、寿命によってこの世を去っていきます。しかし、そのような様々な思いを抱いたまま死んでいくのでは、心はいつまでたっても安らぎません。だからこそ、「あとのことは遺《のこ》された私たちに任せて、どうぞ心穏やかになってください。そして、あの世で安らかに暮らしてください」という願いが、遺された者の中に芽生えることになるのです。亡くなられた方の思いを一つひとつ鎮めていただきたい。そのために、仏の力を借りるために、仏教式の葬式が行われることになるのです。

けれども、それまで元気に生きていた人が亡くなったからといって、そのエネルギーのすべてが一度に鎮められるわけではありません。一度くらい葬式を行ったところで、すべての欲望や煩悩が鎮まることはないのです。そのために、時間をかけて何度も法要が執《と》り行われます。一周忌《いっしゅうき》を行い、三回忌を行い、七回忌を行うというように、何度も何度も時間をかけて、そのたびごとに仏の力を借りながら、亡き人の心を鎮めてもらうための祈りが捧げられます。そうすることで、亡き人の心が少しずつ穏やかになっていくことが期待されているのです。

そして、一つの区切りを迎えるのが三三回忌、もしくは五〇回忌。いわゆる「弔《とむら》い上げ」と呼ばれる最後の法事です。なぜ三三年、もしくは五〇年を区切りとするのでしょうか。それは、今でこそ皆が長生きになりましたが、昔は「人生五〇年」、つまり、一世代がおおよそ五〇年でした。ですから、ある人が亡くなってから三三年から五〇年が経つと、その人のことを直接知っている人がこの世からいなくなってしまいます。そうなると、故人にとって、この世には執着したくなる人も、恨みを向けたい人もいなくなります。いよいよ、この世に未練を残す理由もなくなるでしょう。一方、子孫たちからしてみても、この人のことを直接知らない世代になれば、たとえ先祖といえども、心の底からその人のことを思いやることは難しくなります。そのために、弔い上げを終えた者は、子孫たちから「ご先祖さま」としてまとめて供養されることになります。このように、日本に暮らす私たちは、生きている間は神さまからエネルギーをもらいながら生活し、亡くなると仏さまにすがりながら死後の安穏を目指すということになるのです。

しかし、そのようなことを申しますと、「仏さまや仏教は、死んだ人のためだけのものですか。

やはり仏教は『葬式仏教』なのですか」と言われてしまいます。もちろん、そうではありません。たしかに、故人の心を鎮めるために仏さまの力を借りてはいますけれども、元来、仏教とは、死んだ人のためのものではなくて、むしろ生きている者たちが、どうしたら苦しみから逃れて、心穏やかに暮らすことができるのかを説くものでした。そもそもお釈迦さまは、生きている間に悟りを開いて「仏」となられたのです。なにも、亡くなった人だけのために仏教があるわけではありません。

先ほど申しましたように、私たちは生きている間、様々な欲望や煩悩にとらわれています。しかし、そうした欲望などが実現しないために、いろいろな悩みや苦しみを抱くことになります。ですから、そうした欲望や煩悩を鎮めることこそが、悩みや苦しみから逃れるための極意であるとお釈迦さまは説いたのです。

ところが、そのようなことを言いますと、「それは無理ですよ。人間は生きていかなければなりませんが、『生きていたい』というのも欲望ですし、『成長したい』というのも欲望でしょう。そうした欲望のすべてを鎮めてしまったら、私たちは生きていることもできなくなってしまいます」という反論を受けることになります。もちろん、一般的な教えとして、仏教は「生きる」ことそのものを否定するものではありませんから、すべての欲望を完全に鎮めてしまえと言っているわけではありません。生きていく上で不可欠な欲望、身の丈に合った欲望、少し手を伸ばせば自分自身を成長させられるような欲望は、是非とも大切にしてください。しかし、身の丈をはるかに超えるような、分不相応な欲望を抱いていたところで、それは「思い通りにならない」という悩みや苦しみをもたらす原因になってしまいます。例えば、アルバイトで一万円儲けたいというのであれば、是非頑張ってみてください。しかし、アルバイトで一日三〇〇万円を儲けたいなどということは、できるはずがありません。それを無理してやろうとすれば、振り込め詐欺の片棒を担ぐことになり、結局は刑務所に入るという苦しみを味わうことになるでしょう。そのような欲望を鎮めることを説いているのです。

あるいは、際限のない欲望に取りつかれると、「もっと、もっと」ということになってしまいます。おいしいものを食べても、「もっとおいしいものが食べたい」となりますし、お金がもうかっても、「まだまだ足りない」ということになり、ついには満足することができなくなります。見栄を張って高級な宝石を身に着けたとしても、隣にもっと高級な、それこそ自分には手の届かないような宝石をまとっている人が来てしまったら、かえって惨めな思いをするだけでしょう。際限のない欲望も、あなたを苦しめることになるわけです。このように、自分の身の丈を越えた欲望や、際限のない欲望を鎮めることをお釈迦さまは説いているのです。

ご存じの方もいると思いますが、石庭で有名な京都の龍安寺《りょうあんじ》に、面白い蹲踞《つくばい》がございます。真ん中の水を溜める場所に「口」という字が刻んであり、その上に「五」と書いてあって、「五」と「口」を合わせて「吾《われ》」となります。右に「隹」、下に「疋」、左には「矢」。それぞれ真ん中の「口」と合わせて、「吾唯足知（われただたるをしる）」。たくさんの欲を持っていると、「まだ足りない」となってしまう。反対に、少なめの欲であれば、足るを知ることになる。まさに「少欲知足《しょうよくちそく》」ですね。欲をすべてなくせと言うわけではありません。そうではなくて、生きている間、私たちはある程度の欲を持ちながらも、しかし、余分な欲を持たないようにしましょう。必要最小限の欲で、満足を知ることに努めましょうということなのです。

この余分な欲望、つまりは心の中のエネルギーを鎮めることを説くのが仏教であり、その手助けをしてくださるのが仏さまです。ですから、仏さまは様々な手段を使って、私たちの欲望や煩悩を鎮めてくれます。けれども、あまりにも強欲な者の欲望は、そう簡単に鎮めることができません。そこで登場するのが不動明王《ふどうみょうおう》や降三世《ごうざんぜ》明王、軍荼利《ぐんだり》明王などという、恐ろしい姿をした明王たちです。優しい顔で、「欲望を鎮めましょうね」などと言ったところで効果のない者たちに対しては、憤怒《ふんぬ》の形相をした明王たちが、手に刀などを持ちながら、ついには力づくで私たちの中の欲望や煩悩を鎮めさせようとするのです。

このように、仏さまは欲望や煩悩という、私たちの内なるエネルギーを鎮めてくれる存在だとみなされているのではないでしょうか。そうだとすると、私たちは神さまから生きていく上で必要なエネルギーをもらい、仏さまには余分なエネルギーを鎮めてもらっていることになります。車にたとえれば、神さまがアクセル、仏さまがブレーキです。アクセルのない車は動きませんが、ブレーキのない車は恐ろしくて乗ることができません。私たちはアクセルとブレーキを程よく調節しながら車を運転しています。それと同じように、日本人は神さまから必要なエネルギーを受け取りながら、もらいすぎたら今度は仏さまにそれを鎮めてもらう。アクセルとしての神さまと、ブレーキとしての仏さまを、バランスよく使い分けているのが日本人だと言うことができるでしょう。そのように考えると、神さまと仏さまの両方に手を合わせている日本人は、宗教に対して不真面目なのではなく、むしろ合理的な発想にもとづきながら、自分たちの宗教に真摯《しんし》に向き合っていると言うことができるのではないでしょうか。

8　クリスマスとイエスさま

さて、神さまと仏さまの両方に手を合わせている日本人の宗教観について、ようやく納得のいく説明ができたと思ったところで、実はもう一つ、厄介な問題が残っていました。それは、クリスマスの問題です。キリスト教徒でもない多くの日本人が、なぜクリスマスを大いに楽しみ、そのお祝いをしているのでしょうか。

この問題は、大学の「宗教学」の授業の中で、毎年のように学生たちから質問を寄せられていたものです。質問が寄せられるたびに、私はその答えを考えていたのですが、最初の頃にはどうしても自分自身が納得のできる答えを見つけることができませんでした。ところが、今から十数年ほど前に、インドネシアのジャカルタにある仏教寺院で、学生たちの日曜礼拝を見学していた時のことでした。礼拝集会を終えた千人ほどの学生たちを前にして、法話を行っていた住職が、「今日は日本からゲストが来ているから、日本の仏教について少しお話をしてもらおう」と言い出したのです。いきなりのことでしたが、とりあえず二、三〇分のお話をいたしました。「これで終わりかな」とほっとしたところへ、今度は質問の時間が設けられたのです。「まさか、それほど難しい質問は出ないだろう」とたかをくっていたところへ出されたのが、このクリスマスの問題でした。「日本人は、神社とお寺にお参りに行き、さらにはクリスマスまで祝っていると本で読みました。日本人は宗教のことをどのように考えているのですか」という質問です。まさか、この問題をインドネシアの学生にまで突き付けられようとは、予想だにしておりませんでした。

現在、キリスト教を信仰されている方は別として、一般の日本人が、キリスト教に由来することを自覚した上で行っている行事は三つしかありません。それは、クリスマスとバレンタインデー、それにチャペル・ウェディングです。反対に言えば、それ以外のキリスト教の行事を、普通の日本人は行っていません。最近では、そこにハロウィーンも加えるべきではないかという意見もあります。しかし、一般にハロウィーンはアメリカ文化にもとづく単なる仮装祭りと受け止められているだけで、キリスト教的な意味が認識されているとは私には思えません。そうしますと、先にあげた三つの行事に共通するキーワードを考えてみてください。答えは「愛」、それも「恋愛」ということになるでしょう。

では、キリスト教とはどういう宗教でしょうか。一言で言えば、「愛の宗教」です。ただし、この「愛」は恋愛とはまったく異なります。「アガペー」とも呼ばれるこの「愛」は、すべての人を同じように愛するという「博愛《はくあい》」であり、「汝《なんじ》の敵を愛せよ」という言葉が示しているように、そこに利己的な考えが入ってはいけません。神はすべての人を分け隔てなく愛してくださっている。その神と同じように、すべての人を分け隔てなく愛しましょうというのがキリスト教の説く「博愛」なのです。

それに対して、「恋愛」はある特定の人を好きになること。私にとって、この人は大切な人だという利己的な「愛」。「たとえ私が死のうとも、彼女だけは守りたい」と言う時に、守りたいのは「彼女」であって、他の人ではありません。つまり、これは完全に自己中心的な「愛」と言うことができるでしょう。「博愛」と「恋愛」は、明らかに別のものなのです。

ところが、日本人にはそれがよくわかりませんでした。いずれも日本語では「愛」という言葉で語られてしまうために、二つの「愛」は混同されてしまいました。それはちょうど、日本古来の神さまとキリスト教の神が、日本語では同じ「神」という語で表されているために、一般の人々の間でしばしば混同されていることに似ています。キリスト教は「愛の宗教」だと聞いた人々は、それを「博愛の宗教」だと正しく理解することができずに、誤って「恋愛の宗教」と考えてしまったのではないでしょうか。その結果、イエスさまは日本では、「恋愛」の神さまとして受け入れられてしまったのではないでしょうか。そこでは、キリスト教の神とイエスさまとの区別も忘れられているのです。

学問の神さまには天神さまがいるし、商売繁盛には恵比須さまがいる。それと同じように、イエスさまという恋愛の神さまが西洋から来てくださった。ですから、受験生は天神さまに祈りを捧げ、合格すれば天神さまにお礼参りにうかがいます。商売人は恵比須さまにお祈りをして、商売が繁盛すれば恵比須さまにお礼参りを行います。まったく同じように、恋愛成就を願う者はクリスマスとバレンタインデーの日にイエスさまにお願いをして、それが成就した暁には、教会でお礼参りとしての結婚式を行います。つまり、イエスさまは恋愛のエネルギーを与えてくれる神さまとして、完全に日本の八百万の神さまたちの一人として受け入れられてしまったのです。このようなことをお話すると、敬虔《けいけん》なキリスト教徒の方々は怒られるかもしれませんが、現在の一般的な日本人はそのように理解していると私には思われるのです。

もっとも、クリスマスが恋愛のお祭りになったのは、それほど古い話ではありません。雑誌『AERA』の一九九〇年一二月二五日号の記事の中で、クリスマスを恋人と過ごす日と位置づけるきっかけになったのは、一九八〇年に松任谷由実さんが発表した「恋人がサンタクロース」という曲であると述べられていました。それまでは、クリスマスはお父さんが買って帰ってきたクリスマスケーキを家族一緒に楽しむ「家族愛」の象徴でした。さらにさかのぼって、戦前のクリスマスは熱心なキリスト教徒たちが「博愛」を実践する日であり、その名残は歳末の助け合い運動などとして現在にも受け継がれています。いずれにしても、クリスマスが「愛」に関わる日であることは一貫しています。その「愛」の内容が、昭和三〇年代から高度成長期にかけては「家族愛」となり、一九八〇年代以降には「恋愛」となりました。その頃からチャペル・ウェディングも増えていき、バレンタインデーもマスコミなどで大きく取り上げられるようになったのです。

さらに、近年では全国各地の景勝地に、恋人岬とか恋人の丘と名付けられた場所がいくつも誕生しています。そして、そのような場所には、しばしば鐘が設置されているのですが、それは決してお寺の梵鐘《ぼんしょう》のようなものではありません。むしろ、教会につり下げられているような西洋風の鐘です。やはり、恋愛成就には、キリスト教的な舞台装置が似合っていると思われているのかもしれません。

しかし、イエスさまに期待されていることは、エネルギーを供給してくれるアクセルとしての役割であり、それは他の日本の神さまたちに期待されている役割とまったく変わりません。つまり、一般の日本人の感覚としては、イエスさまをキリスト教信仰の一環として受け入れているわけではありません。言い方を変えれば、キリスト教を一つの宗教として受け入れているわけではないのです。むしろ、現在の日本人は、イエスさまをも含めて、エネルギーを与えてくれるアクセルとしての神さまと、エネルギーを鎮めてくれるブレーキとしての仏さまという二本立ての考え方で、自分たちの宗教意識を形作っていると言えるでしょう。

そのように考えますと、神社で神さまに祈りを捧げ、お寺で仏さまにも祈りを捧げている日本人は、たとえクリスマスをも取り込んでいようとも、決して宗教に対して不真面目に取り組んでいるわけではありません。それどころか、無意識のうちにアクセルとブレーキをバランスよく踏みながら、車を安定的に走らせているベテラン・ドライバーと同じように、日本人は無意識のうちに神さまと仏さまを感じ取り、その両者に祈りを捧げながら、両者をバランスよく使い分けることによって、自分と家族と周りのすべての者たちの幸せを目指していると言えるでしょう。言葉の上で、宗教を信じているかどうかということは、ここではまったく問題にはなりません。そのようなこととは無関係に、日本人は自分たちの宗教心を大切にする、実に信仰心の篤《あつ》い国民なのではないかなということで、第一章のお話を終わりにしたいと思います。

コラム① 教養と「空」

令和元年（二〇一九）五月一日、天皇の践祚《せんそ》により、時代は平成から令和に移りました。そのような中で、改めて平成（一九八九―二〇一九）という時代を振り返るのも悪いことではないでしょう。

この三〇年の間には、ＩＴ革命によって情報の伝達や産業構造が激変し、人々の働き方や意識のあり方は大きく変わりました。戦後につちかわれた様々なシステムに変更が加えられ、人々はそれに対応するための高度な知識と技能を要求されるようになりました。そのために、大学をはじめとする各教育機関では、そうした専門人の育成を目指すようになりました。とは言え、時間が無制限にあるわけではありません。そこで、教育の現場では、幅広い教養を身につけるための時間が削られました。各大学で一、二年生の教育を担当していた「教養部」と呼ばれる組織が、平成の時代に相次いで解体されたことは、その象徴だったと言えるでしょう。いわば「教養なき専門人」の育成に、国を挙げて取り組んでいると言っても過言ではありません。

しかし、いくら学校で高度な知識や技能を習得しても、実際の現場ですぐに役に立つとは思えません。また、様々な技術が日進月歩の時代にあって、学生時代に身につけた技能がいつまでも役に立つとも思えません。それくらいならば、学生時代には、時代や社会が変わっても、いつまでも色あせることのない教養を身につけるべきではないかと思います。砂場で山を作るときに、狭い範囲に砂を盛り上げるよりも、広い範囲に砂を重ねていく方が、時間はかかるかもしれませんが、結果的には大きな山を作ることが可能です。それと同じことで、人間も高度な知識や技能だけを性急に学ぶよりも、まずは幅広い教養を身につける方が、長い人生にとってははるかに有益ではないでしょうか。

では、そもそも「教養」とは何でしょうか。これはなかなか難しい問題ですが、私はこんなふうに考えています。教養ある人とは、単に多くの知識のある人や、金もうけが上手な人、あるいは、多くの人を部下として自在に操る人ではなくて、むしろ、幅広い視野をもち、モノにも人に対しても、常に公平な判断と対応のできる人、周りの人々を思いやる視点と、多くの事柄をバランスよく調整する能力、さらには、他の人が思いもつかないような発想力をもつ人である、と。つまり、「私が一番だ」とか、「私だけが正しい」、「私だけよければそれでよい」という考え方から離れることが、教養ある人の基本ではないかと思うのです。

仏教の大切な教えに「空《くう》」という考え方があります。しばしば「無」という言葉でも表現されますが、何もないと言っているのではありません。永遠に変わらないものは何もないことを見極めたうえで、一つのものにとらわれることなく、柔軟なものの見方を手に入れた境地を「空」と言うのです。「これしかない」という思い込みを抱いてしまうのは、物事を一面的にしか見ていない証拠です。これまでとは違う角度から物事を観察すれば、これまで気づかなかった真実に気づくことができるかもしれませんし、自分とは違う意見に共感できるかもしれません。様々な情報を吸収し、それぞれの状況における最適な判断を下すことの大切さを、「空」の教えは説いているのです。そうだとすると、「空」の境地は教養ある人の生き方に通じるものだと言えるでしょう。

そして、それはいろいろなものを見て、聞いて、経験して、多くの人と関わり、語り合い、共感し合うことによって、はじめて育まれるものではないでしょうか。決して学校の成績や学歴に比例するものではありませんし、学校教育に、その育成のすべてを委ねるわけにもいきません。教養を育む役割は、やはり各家庭もその一端を担う必要があるでしょう。そのためにも、まずは大人自身が教養を身につけることが欠かせません。仏教の説く「空」の教えは、そのための一つの指針になるのではないでしょうか。

（令和元年）

コラム② 「いのち」をいただく

令和二年（二〇二〇）は新型コロナ・ウイルスに振り回された一年でした。一月に中国で未知の病気が発見され、二月にクルーズ船での感染拡大が報じられた頃、多くの人々にとって、それはまだ「他人事」の話でした。しかし、三月に各学校の休校が要請され、四月に外出の自粛が求められるようになると、問題は一気に身近な事柄に変わりました。その後の感染拡大は、同年七月に開催が予定されていた東京オリンピックを一年延期させることにもなりました。

けれども、感染拡大の最大の原因が唾液の飛沫《ひまつ》に触れることであり、マスクの着用が予防に有効であることなども次第に明らかになりました。そうだとすれば、大勢の人々が食べ物を囲んでワイワイガヤガヤとにぎやかな食事をすることが、もっとも感染のリスクを高めることになるでしょう。飛沫を浴びた食べ物が、ウイルスの格好の運び屋になるのですから。

近年、わが国でも食事は楽しくとるものだという風潮が一般的になっています。しかし、昭和の時代まで、むしろ食事は静かにとるものだという考え方のほうが優勢だったように思います。食事中の会話を禁止するという作法は、奈良時代以来、仏教寺院における伝統的なものでしたが、そこにはやはり、仏教の教えが反映されているのではないでしょうか。

そもそも、私たちは何かを食べなければ生きていくことができません。では、私たちが食べているものとは何でしょうか。ここに、キリスト教と仏教の考え方の大きな違いがみられます。

キリスト教では、食べ物は人間に対する神からのプレゼントだと考えています。それ故、食事の前には、そのプレゼントを下さった神に対して感謝の祈りが捧げられる一方で、食べ物に感謝の念を抱くことはありません。それに対して、仏教、特に日本の仏教では、動物であれ、魚であれ、あるいは野菜であれ、それらはすべて人間と同じく生きているものだと考えられています。ですから、私たちは生きているものの「いのち」をいただいて、自らの「いのち」を支えていることになります。「あなたのいのちをいただきます。けれども、それを決して無駄にすることのないように、私はしっかりと生きていきます。」そのような感謝と決意が、手を合わせて「いただきます」と語りかける作法に込められているのではないでしょうか。そうだとすれば、食事をとることはきわめて厳粛な儀式であり、仲間とワイワイ楽しむための、ただの潤滑剤であってはなりません。

とはいえ、せっかくいただく「いのち」です。しかめっつらをしながら、イヤイヤいただいたのでは、その「いのち」に対して失礼でしょう。いただくからには、おいしくいただく。二〇〇八年に、納棺師《のうかんし》の成長を描いて話題を集めた滝田洋二郎監督の映画「おくりびと」の中で、主人公の上司が食べ物を手にしながら、「これだってご遺体だよ。……でも、うまいんだよな。困ったことに」と語るシーンがありました。おいしくいただくことこそが、まずはその生き物に対する感謝のしるしであり、食べ物を粗末にしないことが、「いのち」をいただいている生き物への最低限のマナーとなるのではないでしょうか。

私たちはこのように、他の生き物の「いのち」をいただいて生きています。つまり、他の生き物に支えられて生きているのであり、他の生き物に迷惑をかけずに生きていくことはできないのです。そして、同じことは、人と人との関係にもあてはまります。私たちは、周りの誰かの世話になりながら、周りの誰かに迷惑をかけながらしか生きていくことはできません。近頃、「家族に迷惑をかけたくない」とか、「子供に迷惑をかけたくない」という言葉がしばしば語られています。しかし、その迷惑を見知らぬ他人に押し付けて、その事実を見ないふりをしていないでしょうか。

生きるということは、周りの様々なものたちによって支えてもらうこと。それは、周りのものたちに迷惑を引き受けてもらうこと。だからこそ、私たち自身も周りのものを支え、ある程度の迷惑を引き受ける覚悟をする必要があるでしょう。もちろん、それを「迷惑」だとは思わずに、喜んで引き受けることができたならば、それにまさる幸せはありません。

コロナ・ウイルスの騒動の中で、その感染を防ぐためにも、食事を静かにとる作法を改めて見なおしてみてはいかがでしょうか。食事をおいしくいただきながら、しかも、いただく「いのち」に思いをはせる。そうすることで、食べること、生きること、そして、「いのち」を見つめなおす機会を、今、私たちは与えられているのかもしれません。

（令和二年）

第二章　仏教からみた日本の文化

1　インドの仏教と日本の仏教

　第一章では、日本人の宗教に対するとらえ方は、言葉によって説明されるような論理的なものではなくて、むしろ感覚的なものであり、「なんとなく」感じるようなものだということをお話ししました。「私はお寺参りもするし、神社へも出掛けるし、クリスマスも祝っている。特にどの宗教でなければならないというこだわりを持っているわけではない」と言う人がいますけれども、考えてみれば、「私は仏教徒だからお寺へ行かなければならない」とか、「私は神社の氏子《うじこ》だから、神社へお参りに行くことが義務である」と考えて、いやいやながらお寺や神社に出掛ける方が不自然です。むしろ、なんとなくお寺や神社に出掛けて行き、なんとなく手を合わせてお祈りをする方が、はるかに自然な形ではないでしょうか。だからと言って、そのような人が、同じようになんとなくイスラム教のモスクへ出掛けたり、なんとなく怪しげな宗教団体の集会所へ行くことはないはずです。つまり、「なんとなく」お寺や神社に出掛けて行ったり、「なんとなく」仏さまや神さまに手を合わせる行為の中にこそ、日本人の自然な宗教意識が表れていると思われるのです。また、そうした中で、多くの人々は神さまと仏さまを区別していないように見えて、実際にはそれぞれを使い分けているのではないかということを申し上げました。

第二章では、それならば日本人が「なんとなく」受け入れている仏教とはどのようなものかを考えてみたいと思います。ただし、仏教を「なんとなく」受け入れていると言いましたが、それは、現在の多くの日本人が、仏教との関わりを自覚していないということにすぎません。多くの方々は、現在の日本の文化は仏教とはあまり関係がないと思われているかもしれませんが、実はその正反対なのです。例えば、私たちはご飯を食べる前に「いただきます」と言いながら手を合わせます。これは、私たちがその「いのち」をいただく野菜や魚たちに対する感謝の祈りであり、そこには、あらゆるものに「いのち」が宿っているという仏教の思想が反映されています。あるいは、朝起きて顔を洗うという行為も、もとをたどれば僧侶が朝の勤行《ごんぎょう》の際に、寝ぼけ眼《まなこ》では仏さまに失礼だということから生み出された習慣です。このように、私たちの生活のすみずみにまで、仏教の考え方、あるいは仏さまに対する信仰が、無意識のうちに影響を及ぼしています。しかし、それがあまりにも日常生活の中に溶け込みすぎているために、私たちはそのことを自覚せず、そうしたことを「なんとなく」行っているにすぎないのです。こうした細かい事例にまで言及することはできないかもしれませんが、第二章では、仏教の考え方が現代の日本人の中にもしっかり生き続けていることをお話したいと思います。

しかしながら、そのようなお話をする前に、まずは、そもそも仏教とは何かということからお話を始めた方がよいかもしれません。改めて申すまでもなく、仏教は紀元前五世紀頃のインドでお釈迦さまによって始められました。それが紀元後一世紀に中国へ伝わり、六世紀に日本に伝えられました。そうした長い歴史の中で、仏教の思想は変化を続け、新しい土地に伝わるたびに、その様相も変わり続けました。日本に伝わってから一五〇〇年の間にも、仏教は日本の思想や風土の影響を受けながら、多くの点で日本風にアレンジされてきました。また、そのようにアレンジされることによってこそ、仏教は日本の文化に様々な形で影響を及ぼすことが可能になったのです。

とは言え、やはり同じ仏教である以上、二五〇〇年前にお釈迦さまによって説かれたインドの仏教から、今日の日本の仏教まで、本質的な部分は変わることなく、しっかりと受け継がれていることは確かでしょう。その一方で、インドの仏教と日本の仏教との間では、どのような点に違いが生まれ、それが現代の日本人のものの考え方にどのような影響を与えることになったのでしょうか。もちろん、お話すべき事柄は山ほどあります。しかし、時間も限られていますから、かなりかいつまんでお話することになると思います。その点はお許しください。

2　殺すな・盗むな・騙すな

まず始めに、仏教の教え、あるいは、お釈迦さまの教えの中で、現在の日本人が最も基本的な、

「当たり前」のこととして受け入れているものは何かを考えてみましょう。結論から申し上げれば、それは「殺すな、盗むな、騙《だま》すな」ということです。「なんだ、それのどこが仏教なのか」と思われるかもしれません。「幼稚園児でも、そのようなことは先生から教わっている」と言われるかもしれません。実は、私自身も昔はそう思っていたのです。「仏教ってつまらないなあ。幼稚園で教わったことしか語ってくれないのか。」実際に私自身がそう思っていました。しかし、後になって、考え方を改めました。仏教を通して「殺すな、盗むな、騙すな」ということが人々の間に浸透し、それがあまりにも当たり前になったがために、今では幼稚園で教えられるほど基本的な道徳になっているのです。

「まさか、そんなはずはない。殺すな、盗むな、騙すなということは、仏教とは無関係に、昔から日本人が守ってきた常識ではないか。」そのように思われた方は、今から四五〇年ほど前の戦国時代のことを考えてみてください。「殺さなければ殺される。盗まなければ盗まれる。騙さなければ騙される。」これが戦国の世の習いでした。生き残りたければ、「殺せ、盗め、騙せ」というこ とになります。それに対して、今の私たちは、「殺すな、盗むな、騙すな」と言っています。今と四五〇年前とでは、まったく正反対の価値観の中で人々は暮らしているのです。では、この価値観の転換はいつ起こったのでしょうか。

織田信長が天下を統一しましたけれども、信長に歯向かった者は皆殺しにされました。豊臣秀吉がその後を継ぎましたが、秀吉に逆らってもやはり殺されています。徳川家康が一六〇三年に江戸幕府を開きましたが、当初、人々はそれほど幕府を信用していなかったようです。織田が消え、豊臣も消えた。徳川もいつまで続くかわからない。徳川が消えれば、また戦になるということで、人々は一生懸命人殺しの練習を続けたわけです。このように、戦国時代の価値観の中で生まれ育った、いわば、戦国時代の生き残りのような人たちが生きている間、社会の風潮はまだ殺伐としたものだったようです。

こうした考え方が変わり始めるのは、この戦国時代の生き残りの人たちがいなくなる頃、つまり一六五〇年頃まで待たなければなりませんでした。その頃から、幕府は人々の考え方を変えさせるために、仏教の力を利用することにしたのです。すなわち、葬儀や法事の場を通して、仏教の教えが人々の間に浸透することが期待されました。

二五〇〇年前に仏教を開かれたお釈迦さまの言葉に、次のようなものがあります。「すべての者は暴力におびえる。すべての（生きもの）にとって生命は愛しい。己が身にひきくらべて、殺してはならぬ。殺さしめてはならぬ。」（中村元訳『ブッダの真理のことば　感興のことば』岩波文庫、一九七八、二八頁）つまり、「あなたは殺されたくないですよね。それならば、あなたも他の人を殺してはいけない」という言葉です。また、「己が身にひきくらべて」とは、他の人を自分の立場に置き換えて考えてみなさいということ。言い換えれば、「あなたがされたくないことは、他の人もされたくないのだから、そのようなことを他の人にしてはいけません。あなたがして欲しいことは、他の人もして欲しいのだから、そのようなことを他の人にもしてあげなさい」ということです。

これを拡大していけば、「殺されたくなければ、殺すな。盗まれたくなければ、盗むな。騙されたくなければ、騙すな」ということになります。それが一六五〇年頃から、僧侶たちの説教などを通して人々の間に少しずつ浸透していったのです。そして、一六八〇年に五代将軍の座に就いた徳川綱吉の時代になると、儒教の仁愛の教えとも結びつきながら、こうした仏教の教えはさらに人々の間に広まりました。とりわけ、綱吉が出した「生類憐《しょうるいあわれ》みの令《れい》」は、様々な問題も含んでいたようではありますが、やはり、生き物のいのちを大切にという仏教の教えを法令化したものとして、「殺すな」という価値観を人々の間に定着させる推進力になったと言ってよいでしょう。

こうして、一七〇〇年頃になると、人々はかつてのように、わけもなく殺されたり、盗まれたり、騙されたりすることのない穏やかな世の中、ウキウキと暮らすことのできる、いわゆる「浮き世」を享受《きょうじゅ》できるようになりました。その「浮き世」における楽しい日々を描いたのが「浮世絵」です。それ以来三〇〇年にわたって、人々は「殺すな、盗むな、騙すな」ということを代々受け継いできた結果、今ではそれが当たり前になりました。あえて、その理由を尋ねたり、それらが仏教や儒教の教えにもとづくものであることを思い起こすこともなく、実に当たり前のこととして、私たちは日々の生活を送るようになったのです。

　このように、現在も私たちが当たり前に守っている「殺すな、盗むな、騙すな」という価値観の中には、明らかに仏教の、あるいはお釈迦さまの二五〇〇年前の教えが生きています。「あなたが殺されたくないと思うのならば、それは他の人も同じだ。だから、あなたが殺されたくないのであれば、他の人を殺してはいけない」というお釈迦さまの教え。さらには、「己が身にひきくらべて、他人のことを考えながら行動しなさい。他人の迷惑を考えながら行動しなさい」という仏教の教え。それを現在の私たちは、幼稚園の先生や両親から教わっているのです。

　キリスト教やイスラム教であれば、神の教えに従った生き方をすることが重要であり、神の教えに反してはならないということが基本です。そこでは、第一に、神に従うことこそが求められているのであり、周りの他の人々のことは二の次です。ですから、神の教えに従った行動であれば、たとえそれが周りの人々にどれほどの迷惑をかけるものであっても、それを貫かねばなりません。それに対して、仏教は常に、「自分がされたくないことは、他のすべての人々に対しても行ってはならない。周りの他の人たちに対して、迷惑をかけるべきではない」ということを説いているのです。

二〇二〇年の年明け以来、コロナ・ウイルスの蔓延で世界中が大変なことになっています。ヨーロッパでは罰則付きの外出禁止令が出されましたが、日本では緊急事態宣言とは言いながら、実際には、不要不急の外出を控えてくださいというお願いがなされただけでした。それにもかかわらず、少なくとも最初の頃は、大半の人々がそれを守っていました。なぜ、人々はそれを守ったのでしょうか。キリスト教では、神の前で自分の行いが正しいと思うのであれば、たとえ他人から非難されようとも、自分の意志を貫けということが説かれています。それに対して、仏教では、自分がされたくないことは、他人に対しても行わないようにしましょうということを説いています。ですから、「コロナをうつされたくないのであれば、他人にもコロナをうつさないように努力しましょう」と言って、誰もがマスクをしたり、外出を控えたりしたのです。ただただ「自粛」と言うだけで、あれほど多くの人々が自分の行動を控えることができたのは、自分がされたくないことは他の人にもしてはいけないという仏教の教えが、しっかりと定着していたからだと私は考えています。しかし、ほとんどの人々は、そこに仏教の教えが反映されているなどとは考えません。あまりにも当たり前の行動様式であるがために、多くの人は、それが仏教の教えであると自覚していないだけなのです。

しかし、ここで考えてみてください。「殺すな、盗むな、騙すな」ということは、日本では当たり前のことだと考えられていますが、世界で、それらが本当に当たり前のことになっているでしょうか。イスラエルとパレスチナとの間ではしばしばミサイルの応酬がなされ、殺し合いが行われています。アメリカでは黒人やアジア人に対する暴行や略奪が繰り返されています。もちろん、すべての人とは言いませんが、アメリカの人々の中の一定の割合が、殺しても盗んでも構わないと考えているのです。大規模な人権侵害が続いている国もありますし、国軍が国民に向けて銃を発砲している国もあります。「殺すな、盗むな、騙すな」ということ、あなたがされたくないことを他人にしてはいけませんという考え方が、当たり前のこととして根付いている国は、実は、世界の中では決して多数派ではありません。むしろ、少数派かもしれないのです。その少数派の一つが日本であり、その考え方は、今申しましたように、江戸時代に仏教を通して人々に広まったものだったのです。しかし、あまりにも当たり前になりすぎてしまったために、人々はそれが仏教の教えだという自覚さえもなくしてしまっているのです。

けれども、例えば、皆さんは自転車に乗れますよね。自転車に乗れることは当たり前のように思われますけれども、最初に自転車に乗った時のことを思い出してください。すぐには乗れなかった人が多かったと思います。一生懸命練習して、一生懸命考えて、ようやく乗れるようになったと思います。しかし、いったん慣れてしまったら、もう自転車の乗り方を意識することはなくなります。つまり、どうやって乗ったらいいのかということを、言葉を使って考えているようでは、まだまだなのです。考えなくても、当たり前のように身体が動く。行動が身体ににじみ出てくるようにならなければ意味がないのです。「習うよりも慣れろ」と言いますが、まさに、頭で考えているようではダメであって、考えなくてもできるようにならなければいけません。

反対に、慣れてしまえば、どうしたら自転車に乗れるのかなどということを考えなくなります。仏教の教えもそれと同じです。いちいち、「人を殺してはいけない。だから、今は殴ってもいけない」などということを考えたりはしません。当たり前のように、自分の気持ちをぐっと押さえつけます。当たり前になりすぎているからこそ、皆さんはそこに仏教の教えを自覚することがないのです。

あるいは、別の例をあげましょう。「あなたはコンピューターを使えますか」と聞かれた時、皆さんだったらどう答えますか。「私はワードで文章を打つくらいならばできるけれども、とてもコンピューターを『使える』というレベルではない」と多くの人は答えるでしょう。しかし、コンピューターをまったく触ったことのない人からすれば、ワードで文章が書けること自体が、まるで魔法使いのようなものです。「あなた、すごいじゃないですか。コンピューターを使えているではないですか」ということになります。日本人は実に生真面目《きまじめ》で、上ばかりを見ようとします。コンピューターのありとあらゆる機能を使いこなせなければ、「コンピューターを使える」とは恥ずかしくて言えないと思っているのだと思います。むしろ、ワードやエクセルを使えているのであれば、それでもう十分にコンピューターを使っていることになるはずです。それにもかかわらず、その程度のことしかできない私が、「コンピューターを使えます」と言う自信がないだけなのです。

仏教の教えとかその思想は、まさに、そのような形で私たちの生活の中に完全に溶け込んでいるのですが、皆さんは、そのことを自覚していないだけなのです。実は、ここにこそ、日本の文化の大きな特徴があります。「習うよりも慣れろ。」言葉でつべこべ言っているようでは、まだまだダメだ。言葉では何も言わなくても、感覚的にサッとわかってしまうくらいのレベルにならないと意味がないのです。

ちょうど、サッカーでも野球でも、最初は上手なやり方がわからなくて、先生から「こうしなさい、ああしなさい」と教わります。けれども、それを何度も何度も繰り返しているうちに、やがてその作法が身体に染み込んでいきます。いちいち「こうしよう、ああしよう」と考えることなく、身体が自然に動くようになります。「いちいち考えなければ、私はサッカーができません」

などということはないはずです。むしろ、頭で考えることなく、身体が自然に動いてしまうような人こそが、サッカー選手、あるいは野球選手でも、本当のプロフェッショナルではないでしょうか。そうだとすると、「殺すな、盗むな、騙すな」ということを、さらには、コロナを他人にうつすなということを、頭で考えなくても何気なく行っている日本人、自分がされたくないことは、他人に対してもしてはいけないという仏教の教えを、当たり前のように行っている日本人は、実は、仏教のプロフェッショナルなのです。

3　インド風スパイスと日本風スパイス

日本の仏教は、お釈迦さま以来の仏教のエッセンスをしっかりと受け継いでいます。ところが、インドの仏教と比べると、決定的に違うところがあります。それは何か。一言で言えば、インド人は徹底的に言葉を使い、すべてを言葉で論理的に説明し尽くすことが重要だと考えています。反対に、日本人は言葉で説明しているレベルはまだ序の口であり、言葉などを使わないレベルにならなければ意味がないと考えています。

このことを、私はしばしば料理にたとえて説明しています。例えば、じゃがいもと玉ねぎと鶏肉があったとしましょう。「この材料で料理を作ってください」と言われたら、インド人は様々なスパイスを使ってインド料理を作ります。一方、日本人は醤油やみりんを入れて肉じゃがを作ります。まったく同じ材料を使いながら、料理はまったく違ったものができあがります。しかし、材料がまったく同じですから、栄養価もまったく同じです。栄養価はまったく同じなのだけれども、そこで使った調味料が違うから、料理はまったく違ったものになっています。

仏教も同じです。同じ仏教の教えでありながら、インドではインド風のスパイスがかかったインド仏教が、日本では日本風のスパイスがかかった日本仏教が生まれてきます。それぞれの文化の中から、それぞれの仏教が生まれました。インド風のスパイスとは、徹底して言葉で説明し尽くすこと。言葉で一から十までのすべてを説明しなければインド人は納得しません。反対に、日本人は「言葉などを使うな。言葉などがなくてもわかるレベルにならなければ、本当にわかったことにはならない」と言います。つまり、日本人はいちいち言葉を使うやり方を、つまり、「私は仏教を信じています」とか、「仏教とはカクカクシカジカのものです」と言うやり方を好まないということです。

日本人は、言葉を使うことを好まない代わりに、心や感性で感じ取ること、直感的に把握することを好みます。その結果、第一章でお話したように、和歌や俳句が生まれました。わずか三十一文字《みそひともじ》、あるいは一七文字で、世界のすべてを表そうとする文化が育まれたのです。しかし、インド人に言わせれば、そんなことができるはずはない。世界のすべてを表そうとするならば、論理的な文章で説明してくれということになります。彼らはそれを説明するために、膨大な哲学の書を著したのです。しかし、日本人はそれらを言葉で説明するのではなく、心で感じることを目指したのです。理屈ではなくて、あなた自身がそれを直接、感じ取ってくださいということを目指しました。

先ほど、サッカーでも野球でも、次に何をするかを頭で考えているようではまだダメだという話をいたしました。頭で、あるいは言葉で考えることなく、自然に身体が動かなければなりません。言葉で考えなくても、心でそれが把握できなくてはなりません。これが日本風のスパイス、つまり、言葉から離れるという作法です。ただ、そうは言っても、やはり言葉をまったく使わなければ、私たちはこうした考え方さえをも、相手に伝えることはできません。ある程度は言葉を使わざるを得ないのです。

4　救いと悟り

そこで、改めて、言葉を使いながら、日本における仏教の特徴と、それらが日本の文化に与えた影響を考えてみましょう。ここでは、五つのキーワードをあげてみたいと思います。救い、悟り、鎮め、籠り、祈りの五つです。それぞれについて、順番に見ていくことにしましょう。

まず、一つめのキーワードは「救い」です。お釈迦さまは二五〇〇年ほど昔、二九歳で家を出た、つまり、出家をしたと言われています。その理由は、人生の様々な悩みや苦しみを、どうしたら乗り越えられるのか、その答えを知りたいと考えたからです。このことを、仏教では「抜苦《ばっく》与楽《よらく》」と言います。「苦しみを抜き、楽を与える」ということですが、ここでの「楽」とは「楽しみ」ではなくて、穏やかな境地という意味です。苦しみを取り除き、穏やかな境地を与えることを目指したいというのがお釈迦さまの出発点でした。

では、苦しみを取り除くというけれども、その「苦しみ」とは何かということが次の問題になります。仏教は医学ではありませんから、肉体的な苦しみを問題とするわけではありません。むしろ、心の苦しみ、つまり、「思い通りにならない」という思いが問題なのです。例えば、百万円欲しいけれども、その百万円がどうしても手に入らないとか、あの人に振り向いて欲しいけれども、どうしても振り向いてもらえないというような、「思い通りにならない」という思い。これが、お釈迦さまが問題にした「苦しみ」です。

その中でも、特にお釈迦さまが重視したのが「四苦《しく》」、つまり、生老病死です。死にたくないけれども、いつかは死ななければならない。病気になりたくないけれども、思いもよらず、病気になることがあります。年を取りたくないけれど、一日生きていれば、一日年を取ります。そして、このような様々な苦しみを経験したくないけれど、生きている限り、必ず苦しみから逃れることはできない。これが「四苦」と呼ばれる生老病死です。この中の「生」の苦しみについては、いろいろな解釈がありますけれども、ともあれ、このような苦しみからどうしたら逃れることができるのか。これがお釈迦さまの目指した「救い」です。

そして、この「救い」を得るためには、二つめのキーワードの「悟り」を得なければならない。お釈迦さまはそう考えたのです。

ところが、日本では多くの人が、「悟り」と言うととんでもなく難しいことを考えようとします。「あなたは悟っていますか」と聞かれて、「はい、悟っています」と答える人がどれほどいるでしょうか。仏教界のトップにいるような、九〇歳とか百歳の、皆から「生き仏さま」と呼ばれるような人でさえも、「私はまだまだじゃ」と答えられます。現在の日本で、「私は悟っています」と言う人がいたとすれば、よほど自信過剰な人か、アブナイ新興宗教の教祖さまくらいではないかと思います。

では、なぜ現在の日本人は、それほどまで「悟り」を難しく考えているのでしょうか。それは、一度「悟り」を開いたら、二度と苦しむことも悩むこともなくなると考えているからだと思います。しかし、そのようなことは可能でしょうか。誰も、未来を予測することはできません。未来を予測できないということは、これから先、どのようなことが起こるのかとか、どのような苦しみがやってくるのかということを、誰も予測できないということです。それなのに、「私は今後の人生において、二度と苦しんだり悩んだりすることはありません」などと言うことができるはずがないのです。

では、なぜそのようにとんでもなく難しいことを考えてしまったのでしょうか。実は、このような「悟り」の考え方自体も、仏教の歴史の中ではそれなりの理由があって生まれてきたものです。極めて簡単に言ってしまえば、第一章でお話ししましたように、過去から未来に至るまでの、宇宙の大きなネットワークを感じ取ってしまえば、そして、それを自らの中に取り込んでしまえば、未来を恐れる必要はなくなるでしょう。そうなれば、未来において、私は二度と悩むことはないと言えるのかもしれませんが、この問題にここで深入りすることはやめておきたいと思います。

そもそも、お釈迦さまの時代には、お釈迦さまはもちろんのこと、その周りにいた多くのお弟子さまたちも、お釈迦さまの教えに導かれて「悟り」を開いています。そうだとすると、彼らにとっての「悟り」はもっと身近なものであったはずなのです。

元来、お釈迦さまが目指した「悟り」とは、一度「悟り」を開いたら、二度と苦しむことはないというようなものではなくて、目の前の悩みを乗り越えること、あるいは、その悩みを乗り越えるための方法を見つけることでした。「あなたが何か思い通りにならないと悩んでいることがあれば、まずはそれを乗り越えましょう」というのが目標だったのです。ですから、「悟り」によって一つの悩みを乗り越えて、「ああ、楽になった」と思った人が、一時間後に別の問題に直面して、また悩んでもいいのです。悟ったら二度と迷わないのではなくて、とりあえず目の前の大きな山を乗り越えることが目標なのです。このように、「悟り」という言葉の意味が、まったく変わってしまっているのです。

けれども、人生の中には大きな山が現れて、それをなかなか乗り越えられなくて苦しむことが起こります。小さな山はとりあえず乗り越えてきたけれども、大きな山を乗り越えることができなくて困ってしまった場合、それこそが、人生における最大のピンチとなるでしょう。この大きな山を、どうしたら乗り越えることができるのか。皆さんの中にも、「私は何のために生きているのだろうか」とか、「私はこれから何をやって生きていったらいいのだろうか」というような悩みを抱えている方がいるかもしれません。「私の生きがいは何か。私の生きている目標は何か」ということは、考えれば考えるほど大きな悩みとなって押し寄せてきて、今にも自分自身が押しつぶされそうになることもあるでしょう。おそらく、二九歳のお釈迦さまはそんな感じだったのではないかと思います。

そこで、お釈迦さまは六年間頑張りました。そして、ついにその問題を解決するヒントを見つけたのです。これがお釈迦さまの「悟り」です。長い間悩んできた人生の苦しみを乗り越えたのですから、晴れ晴れとされたことだと思います。しかし、いったん大きな山を乗り越えたとしても、決して二度と迷わないということはあり得ませんでした。お釈迦さまの記録の中に、しばしば悪魔が登場して、お釈迦さまを誘惑する言葉を語っています。この悪魔は、お釈迦さまの内なる悪魔だと考えられています。つまり、お釈迦さまの心の中には、悟りを開いた後にも、しばしば悩みや苦しみが生まれていたと考えられるのです。けれども、お釈迦さまは一つの大きな問題を乗り越えています。その応用問題として、つまり、そこから得られた知恵と経験、そして、一つの大きな問題を乗り越えたという自信によって、新しい問題を次々に乗り越えていくことができたのではないでしょうか。

例えば、初めて海外旅行に行く人は、「何もわからない。ものすごく不安だなあ」と思いますよね。しかし、行ってしまえば、何とかなってしまいます。それどころか、帰国後に、「とても楽しかったから、また行きたいな」と考えたりします。ところが、「最初の時はイギリスへ行ったから英語が通じたけれども、今度行くのはフランスだから、英語が通じない。困ったなあ」と思うかもしれません。しかし、最初の時に大きな山を越えた経験があります。英語がわかるといったところで、しょせん、片言の英語しか話せません。それでも何とかなったのだから、フランス語だってなんとかなるのではないか。一度、大きな山を越えた人は、次の山をなんとか越えていけるだろうと考えますよね。このような、最初の大きな山をどうやったら越えていくことができるのか。それを見つけるのが「悟り」です。では、そのためには具体的にどうしたらいいのでしょうか。

5　無常と縁起

お釈迦さまは二九歳で出家をして、六年間修業を続けました。けれども、実のところ、六年間頑張った後に、いったんはその答えを見つけられずに挫折をしています。そして、休息をとり、体力を回復させた後に、改めて修行に入り、今度は一週間で悟りを開いたというのです。なぜ、六年間修行をしながら悟りを開けなかった人が、休息の後、今度はわずか一週間で悟りが開けたのでしょうか。これはなかなか難しい問題ですが、私は次のように考えています。

今から二五〇〇年前、お釈迦さまの時代のインドでは、修行者たちの間に一つの考え方がありました。世界の中には永遠に変わらないものが隠されている。その永遠に変わらないものを見つけなさい。それを見つけることができたならば、あなたは永遠の幸せを手に入れることができます。そのような考え方がありました。おそらく、お釈迦さまも六年間にわたって、この永遠に変わらないものを探し求めたのだと思います。しかし、それを見つけることができませんでした。そのために挫折をします。

いったん休息をとり、頭を真っ白にしてから、もう一度挑戦したのです。その結果、一週間後にとんでもないことに気がつかれました。おわかりになりますか。世界の中のありとあらゆるものは、時々刻々変化しているのであって、永遠に変わらないものなどあるわけがない。これがお釈迦さまの悟りでした。つまり、自分は今まで、あるはずのないものを探し求めていた。世界の中に永遠に変わらないものがあると考えて、それを探していた。しかし、そのようなものは初めからあるはずがないのだから、見つかるはずがないではないかということに気づかれたのです。まさに、当時の常識を根底から覆《くつがえ》すようなことに、お釈迦さまは気づかれたのです。

あらゆるものはどんどん変化していくということを、仏教では「諸行無常《しょぎょうむじょう》」と言います。この中の「諸行」という語の意味は、とりあえず、ありとあらゆるものと理解してくださってかまいません。そして、それらはいずれも「無常」である。つまり、「常」ではないということ。言い換えれば、永遠ではなく、時々刻々の変化から逃れることはできないということです。今の状態がどんなに良くても、それがいつまでも続くわけではないし、今苦しいからといって、それがいつまでも続くわけでもありません。あくまで、すべてのものは一時的なものにすぎないということです。「祇園精舎《ぎおんしょうじゃ》の鐘の声、諸行無常の響きあり。」平家物語の冒頭の一節は、まさにその仏教の核心を表した言葉なのです。

では、何故に、ありとあらゆるものはどんどん変化してしまうのでしょうか。その原因として、お釈迦さまは「縁起《えんぎ》」の理論を説いています。「縁起がいい」とか「縁起が悪い」という言葉も、この「縁起」という言葉がもとになっているのです。「縁起」の「縁」という語は、「〜によって」という意味であり、「起」は「〜が起こる」という意味です。ですから、何らかの原因によって、何らかの結果が起こるという意味を表しており、現代風に言えば因果関係ということになります。

ありとあらゆるものは縁起によって成り立っています。ですから、原因があれば結果が起こり、結果が起これば、またそれが新しい原因になって、また新しい結果を引き起こすということ。例えば、机について考えてみましょう。様々な材料があって、大工さんがいて、この大工さんがトンテンカンテンと作業をすると、それらが原因となって、机が作られます。しかし、この机が完成した後も、そこに光が当たれば、それが原因となってだんだん色あせていきます。あるいは、私がナイフで机をひっかけば、それが原因となって傷がつきます。このように、時間の流れの中で、原因があれば結果が起こり、またそれが原因となって新しい結果が起こるというように、次から次へと、まるでドミノ倒しのように原因と結果が繰り返されていく。それによって、あらゆるものは一瞬たりとも留まることなく、どんどん変化していくということが、縁起にもとづく諸行無常なのです。

しかし、そのようなことを言いますと、「私の心は永遠に変わりません」という人が出てくるかもしれません。けれども、本当にそうでしょうか。例えば、急に頬をバンと叩かれたと考えてみてください。「痛いなあ」と思います。そして、「文句を言ってやろう」と思います。なぜ、そのように思ったのでしょうか。もちろん、その理由は頬をバンと叩かれたからです。ところが、そこに美しい女性が立っていて、「あら、ごめんなさい」などと言われたら、私は「大丈夫ですよ。痛くなんかありませんよ」と答えるかもしれません。その上で、「お茶でもいかがですか」と誘おうとするかもしれません。しかし、その隣に怖そうなお兄さんがいたらどうでしょうか。「何だ、お前は」などと言われようものなら、「何でもありません」と言って、私は逃げ出すかもしれないのです。わずか一秒の間に、私の心は、「痛いなあ」から、「お茶でもいかがですか」に変わり、さらには「逃げよう」というように、ポンポンポンと変わりました。条件が変わることによって、私の心も変わったのです。では、その中のどれが私の本当の心だと言えるでしょうか。どれが私の「変わらない」心だと言えるでしょうか。もちろん、変わらない心など、あるはずがありません。つまり、心をも含めて、ありとあらゆるものが、様々な原因によってどんどん変化しているということなのです。

お付き合いをしていた女性から、別れ話を切り出されたと考えてみてください。「あなたは一年前に、私のことを永遠に愛し続けると言ってくれたではないか。あれは嘘だったのか」と、思わず恨み言を言いたくなってしまいます。けれども、人間の心は変わるものなのです。彼女は私と付き合っている間に、私の良い面も、悪い面も見てきたことでしょう。あるいは、私と付き合うことで、様々な経験を積み、視野を広めるチャンスを得ていたかもしれません。「彼女は私と付き合うことで、人間として大きく成長したのだ。だから、今、私のもとから旅立っていくのだ」と考えて、送り出してあげたらいかがでしょうか。もちろん、別れることはつらく悲しいけれども、「それぞれの道で頑張ろうね」と言って、背中を押してあげることができるのではないでしょうか。私たちは日々生きていることが原因となって、その心を日々作り替えています。ですから、心は日々変わり続けるものなのです。心もまた、縁起にもとづく諸行無常の存在なのです。

ちなみに、この「縁起」という言葉は、先ほども申しましたように、通常は「縁起がいい」とか「縁起が悪い」というような使い方をされています。しかし、これもまた、因果関係にもとづいていると言うことができます。例えば「鉛筆が落ちた」と言いますと、受験生は嫌がりますよね。「私が大学に落ちてしまうではないか」と受験生が怒ります。しかし、鉛筆が落ちたことと大学に落ちることの間には、どのような関係があるのでしょうか。鉛筆が落ちたことによって、「落ちた」という言葉が出てきました。この「落ちた」という言葉が、いわゆる日本的な言霊《ことだま》、すなわち、言葉に宿っている魂を活性化させることになります。その結果、大学受験に「落ちる」という結果を生み出してしまうということです。そこには、因果関係、すなわち縁起の理論があまり好ましくない形で想定されています。だからこそ、「縁起が悪い」と言われることになるのです。

ともあれ、ありとあらゆるものは因果関係によって成り立っています。ですから、いかなる苦しみにとっても、それを引き起こした原因があるはずです。それぞれの苦しみを引き起こした原因を取り除きさえすれば、苦しみという結果もなくなるではないかとお釈迦さまは考えたのです。こうして、苦しみを取り除く方法が見つかりました。

6　鎮めの思想

では、苦しみを生み出す原因とは何でしょうか。お釈迦さまは、欲望こそが苦しみを生み出す原因だと考えました。彼女と永遠に一緒にいたいと願うから、それが叶わなければ苦しみます。あの会社に入りたいと思っても、それが叶わないから苦しみます。いつまでも若々しくいたいと望むから、年を取ってしまったことに苦しみます。

ただ、そう言いますと、「しかし、人間は欲望がなければ死んでしまうではないか」とおっしゃる方がいます。そもそも、「生きたい」ということも欲望だし、上を目指したい、向上したいというのも欲望ではないかとおっしゃる方もいます。もちろん、それを全部否定しようとは言いません。既に第一章でお話ししましたように、自分自身の能力や立場を考えて、少し背伸びをすれば手が届く目標であれば、是非頑張ってみるべきです。しかし、どう考えても実現するはずのないような欲望、あるいは際限のない欲望に振り回されてしまったら、おそらく苦しむことになるでしょう。

そこで、三つめのキーワードの「鎮め」が出てきます。今申しましたような、実現することができないような欲望、あるいは際限のない欲望を鎮めなさい。そうすれば、あなたはきっと、穏やかな心の境地を手に入れることができますよ。つまり、苦しみを取り除くための極意として、お釈迦さまの説いた教えとは、まさに「鎮め」ということだったのです。

さらに、仏教は紀元後一世紀に大乗仏教を生み出すことによって、自分の苦しみを取り除くだけではなくて、他の人々の苦しみをも取り除いてあげようということを考えるようになりました。自分だけが幸せになってもダメなのです。己が身にひきくらべて、他の人のことも考えなさいとお釈迦さまが述べられたように、私が苦しみから逃れたいのであれば、他の人も苦しみから逃れたいに違いない。それならば、他の人たちをも苦しみから逃れさせてあげましょう。そのためには、他の人たちの心にある欲望も鎮めてあげましょう。そういうことを考えたのです。

このような考え方が、中国、さらには朝鮮半島を経て日本にも伝わってきました。とは言え、それぞれの国には、仏教が伝えられる以前から信奉されている土着の宗教がありました。それとどのようにして結びつくのか、両立するのかということが、仏教にとっては大きな問題になったのです。日本にも、仏教が伝えられる以前から、多くの神さまたちに対する信仰がありました。ただし、こうした神さまたちの存在に関して、仏教が日本に伝えられた一五〇〇年前の人々の考え方と、今、私たちが抱いている考え方とでは、若干違うところがあります。一五〇〇年前の人々の神さまに対する信仰は、そのほとんどが自然そのものを神さまとして崇拝する信仰でした。山の神さまがエネルギーを発揮すると、植物を生い茂らせ、動物を育ててくださる。海の神さまや川の神さまがエネルギーを発揮すると、魚を育ててくださる。いわば、自然の様々な力を人々は神さまとして崇めながら、その恵みをいただいていたのです。

ところが、この山の神さまや海の神さまや川の神さまは、通常であれば適度にエネルギーを発揮して私たちに様々な恵みを与えてくださるけれども、時としてそのエネルギーを暴発させることがあります。その結果、土砂崩れや火山の噴火、津波や川の洪水などの自然災害が起こります。人々は、こうした自然災害がなぜ起こるのかを考えた結果、それらは神さまたちが人間に対して、何らかの不満やメッセージを伝えようとしている証しではないかと考えました。

つまり、自然災害というのは、神さまの「こうしてほしい、ああしてほしい」という要求です。しかし、神さまはそれを言葉で伝えることができないから、表現は悪いかもしれませんが、駄々をこねているのだと考えたのです。とは言え、やはり言葉で語られていませんから、神さまが何を要求しているのかが人間にはわかりません。そのため、人間は占いによって神さまのご意向をうかがおうとしたのです。これはちょうど、赤ちゃんがわーっと泣いているのと同じです。なぜ泣いているのかわからないから、大人たちは赤ちゃんを抱っこしてみたり、おもちゃを与えてみたり、あるいはミルクを飲ませてみたりします。これと同じようなもので、神さまも何がしかの要求があって駄々をこねているわけです。それがどのような要求なのかということを、人々は一生懸命考えたのです。

こうして神さまが駄々をこねてメッセージを発することを、当時の人々は「タタリ」と呼びました。今、「タタリ」と言いますと、例えば猫を踏み殺してしまうと猫の「タタリ」があるなどと言いますが、元々の「タタリ」とは、自然の神さまが発するメッセージのことだったのです。

ですから、人々は神さまたちが何らかのメッセージを発しているならば、それを読み取ってごきげんを取ってあげようと考えたわけです。

そこに仏教が伝えられてきました。その際に、仏教がもたらした新しい考え方に、輪廻《りんね》の思想と自業自得の考え方が含まれていたのです。輪廻の思想とは、生まれた者は必ず死ぬけれども、死んだらまた必ず生まれ変わるという考え方です。生まれて死に、生まれて死ぬということを、ちょうど輪がグルグルと回るように繰り返すということから、「輪が廻る」と書いて「輪廻」、もしくは「輪廻転生《てんしょう》」と呼びならわしています。今、皆さんがよく、「生まれ変わったら何をやりたい」とか、「あなたの前世は」ということをお話になると思います。実は、その表現の中にこそ、輪廻転生の考え方がしっかりと定着している証しを見ることができるのです。

一方、生まれ変わる際に、その条件を決めるのが自業自得の原則です。この「自業自得」という言葉も、皆さんはよくご存じだと思います。ただ、最近では、この言葉はあまりよくない意味で使われているかもしれません。例えば、誰かが困っていたりすると、「仕方がない、自業自得だ」と突き放した言い方をすることがあります。しかし、本来の自業自得とは、善《よ》いことをすれば善い報いがあるし、悪い行いをすれば悪い報いが自分に返ってくるというように、善いことにも悪いことにも関わる言葉です。これが本来の自業自得という考え方です。ですから、前世までに善い行いをしていれば善いところに生まれ変わるけれども、悪いことをやっていると、とんでもないところに生まれ変わるということになります。

この輪廻の思想と自業自得の考え方が、奈良時代に、神さまたちの信仰と結びつきました。その結果、神さまたちも寿命がくると死んで、また生まれ変わることになると考えられるようになりました。その時の生まれ変わりの条件は、自業自得の原則によって決められます。ですから、「神さま。あなたがタタリによって自然災害などを引き起こすと、人間を苦しめることになりますよ。それは悪い行いですから、あなた自身に悪い報いをもたらしますよ。そうすると、あなたが生まれ変わる時に、大変なことになりますよ。そうならないためにも、自分自身の心と欲望を、しっかりと鎮めなければいけませんよ。」仏教は、神さまに対してこのような教えを説いたのです。それを聞いて、神さまも「これは大変だ」と思い、自ら仏さまの弟子になるとともに、日本に仏教を広めようとする仏さまたちを守り、支える役割を担ったのです。こうして、奈良時代には神さまと仏さまが共存する体制ができあがりました。

もっとも、神さまと仏さまの関係をめぐって、人々の考え方は平安時代の中頃には大きく変化しました。その新しい考え方によれば、インドから来た仏さまは、日本の人々にとって馴染みやすいように、あえて「神さま」という、日本風の仮の姿で現れたというのです。つまり、神さまと仏さまは、本来、まったく同じ存在だと考えられるようになったのです。この考え方は、仏さまが「本地《ほんじ》」、すなわち本当の姿であり、神さまは「垂迹《すいじゃく》」、すなわち仮りの姿であるということから、「本地垂迹説」と呼ばれています。そして、この本地垂迹説は、それ以後の日本人の考え方に大きな影響を与えることになりました。ただし、江戸時代の人々は、本地垂迹説から徐々に距離を取りながら、平安時代の前半以前のように、仏さまは神さまを指導し、神さまは仏さまを守っているという考え方に戻りつつあったようにも思われます。いずれにせよ、神さまと仏さまを同じように大切にする姿勢は、一部の国学者たちを除けば、一般には守られていたと言うことができるでしょう。

ところが、明治時代になると、神さまと仏さまを区別するという明治政府の方針によって、いわゆる神仏分離が徹底されました。その影響によって、現在では大半の人々が、神さまと仏さまは別々の存在だと考えており、もしも宗教に「真面目に」向き合うのであれば、神さまか仏さまかのどちらか一方を選び取らなければならないと考えるようなりました。しかし、実際のところ、多くの人々は、自分は宗教に対して真面目に向き合っていないという言い訳のもとで、神さまを祀る神社と仏さまを祀るお寺を同じように訪れています。しかも、その際には、神社では拍手《かしわで》を打ち、お寺では静かに手を合わせるという区別をしている程度で、神さまと仏さまの違いをはっきりとは自覚していないように思われるのです。

　しかし、私たちは神さまと仏さまを区別していないように見えて、実際には無意識のうちに両者を区別しているように私には感じられるのです。この点も、既に第一章のお話の中で述べたとおりです。すなわち、神さまは多くのエネルギーの持ち主であり、そうしたエネルギーを私たちに分け与えてくれる存在。仏さまは、余分なエネルギーを鎮めてくれる存在だという考え方です。そして、そのような区別は、ちょうど奈良時代の、自然の中に宿っている神さまはエネルギーを発散させることで植物や動物を育み、仏さまはそうした神さまがタタリとしてエネルギーを暴発させる時に、それを鎮める役割を負っているというイメージを、現在に復活させたものであるかのように思われます。

　だからこそ、人々は生まれたばかりの赤ちゃんを連れてお宮参りに出かけ、「どうぞ、この子が幸せに成長できますように」と祈りながら、神さまからたくさんのエネルギーをもらおうとします。一方、死んでしまった者の中に多くのエネルギーが残されていても、それの使い道がありません。ですから、そうしたエネルギーを鎮めてもらい、心穏やかな境地に導いてもらうために、仏さまに祈りを捧げることになります。それ故、多くの人々が無意識的ではあれ、葬儀はお寺で仏教の作法にもとづいて行われるものだと考えているのです。

ちなみに、赤ちゃんのエネルギーを鎮めてしまったら死んでしまいますから、赤ちゃんはやはりお宮参りに連れていくべきでしょう。けれども、赤ちゃんの成長を妨げる邪悪な存在や力を鎮めるためであれば、お寺へのお参りにも重要な意味があるはずです。

ともあれ、必要なエネルギーを与えてくれる神さまと、余分なエネルギーを鎮めてくれる仏さまという役割分担を、私は車のアクセルとブレーキにたとえています。アクセルがなければ車は動きませんが、ブレーキがなければ危なくて、そのような車に乗ることはできません。私たちは、アクセルとブレーキのバランスをうまくとりながら車を運転しているのです。それと同じように、日本人はアクセルとしての神さまからエネルギーをもらい、そのエネルギーが多すぎた場合には、ブレーキとしての仏さまに鎮めてもらっています。このように、バランスよくエネルギーをコントロールすることによって、私たちは穏やかな生活を送っているのです。そうだとすると、神さまと仏さまの一方だけを尊重するというわけにはいかなくなります。しかも、それをいちいち頭で考えることなく、無意識的に行っているのです。そうした神さまと仏さまの使い分けを当たり前のように行っている日本人は、宗教に対して真面目に向き合っていないどころか、改めて、自分たちの宗教信仰に関してプロフェッショナルだと言うことができるのではないでしょうか。

7　籠りの修行

生きていくために必要なエネルギーを、私たちは神さまからもらいます。一方、余分なエネルギーは仏さまに鎮めてもらうのですが、正しくは、そのような鎮める力を仏さまから与えてもらうと言った方がよいかもしれません。そのための努力、あるいは、神さまからであれ、通常とは異なる特別なエネルギーをもらうために行われる努力のことを、一般に「修行」と呼んでいます。「修行」と言いますと、ここでも皆さんは難しいことを考えられるかもしれません。しかし、一般的に、日本における「修行」は「籠《こも》り」という形で行われます。ここに、四つめのキーワードの「籠り」が出てきました。

よく、若い僧侶たちが「修行に行く」と言います。あるいは、一定期間の修行を終えた者が、「修行から帰ってくる」と言うこともあります。こうした表現の中で、「修行」という言葉は修行をする場所、すなわち「修行道場」という意味で用いられており、「修行に行く」という表現は、そうした修行道場に「籠る」ことを表しています。反対に、籠っていた修行道場から晴れて外に出ることを、「修行から帰ってくる」と言うのです。その場合、修行道場の中で具体的に何が行われているのかは外の人間にはわかりません。中で何をやっているのかはわからないけれども、とりあえず、その中に「籠る」ことが重要なのです。

しかも、そうした「籠る」ための場所は、しばしば山の中であったり、各宗派の開祖のような高僧のお墓のある場所であったり、あるいは、ご利益のある神さまや仏さまが祀られている場所であったりします。いわば、様々なエネルギーを持っている神さまや、自らと他の者たちのエネルギーを鎮める力を持っている仏さまのいらっしゃる場所。そのような場所に「籠る」ことによって、そこに満ち溢れている神さまや仏さまの力を、日夜、シャワーのように浴び続けることが目指されているのです。そこに、日本の修行の眼目《がんもく》があるように思います。

実は、このような修行のあり方も、インドでお釈迦さまたちが行っていた修行とは異なります。お釈迦さまたちの修行は「遊行《ゆぎょう》」と呼ばれるように、毎日歩き回ることを基本とするものでした。もしも一か所に留まっていると、その場所に対する愛着が生まれ、「私はここにずっといたい」という欲望を抱くことになってしまいます。ですから、当時の修行者たちは、一か所に留まらずに、日々移動を続けることを修行と考えていたのです。そして、この歩き回る修行、つまり、遊行をやめることは、修行者であることをやめて、一般の人に戻ることを意味しました。

しかし、日本では反対に、神さまや仏さまの力が充満している場所に籠ることによって、神さまや仏さまの力を吸収しようと試みます。また、そのようにして吸収した神さまや仏さまの力は、

「籠り」の状態から晴れて外に出た後にも消えることなく、場合によっては終生、持ち続けることができると考えられています。

この修行のやり方の違いを、私はお湯を沸かすことと、煮物の調理にたとえています。つまり、インドにおけるお釈迦さまたちの修業はお湯を沸かすやり方で、日本の修業は煮物の調理に相当します。お湯は、火にかけている間はボコボコと沸き立っていますが、火を止めてしまえば、すぐに水に戻ってしまいます。つまり、インドの修業というのは、歩き回っている間は修行をしていることになるけれども、それを止めてしまったら、元に戻ってしまうということです。

それに対して、日本の修業は美味しい煮汁の中でグツグツと煮込むようなものです。長く煮れば煮るほど味は染みてくるし、火を止めても、冷めていく間にますます味が染みていきます。ですから、少しでも美味しい煮汁の中で、少しでも長い間浸かっていた方がよいことになります。それぞれの宗派の本山に、長い間籠ることが推奨される理由です。しかも、いったん身に付いた神さまや仏さまの力は、籠ることをやめて外へ出た後も、基本的には消えてなくなることはありません。終生、その力を持ち続けることもできるのです。

こうした「籠り」の修行は、かつては僧侶のみならず、一般の人々も日常的に行っていたようです。様々な古典作品の中で、どこかのお寺で三〇日間の「お籠り」をしたり、どこかの神社で百日間の「参籠《さんろう》」をしたなどという記述をしばしば目にします。また、現代においてさえも、昭和五〇年代頃までは、観音さまや地蔵さまの縁日にお堂に人々が集まって、一晩の「お籠り」をしたという話を聞くことがあります。そうした「お籠り」を通して、人々は神さまや仏さまの力をいただくとともに、一方では、地域の人々との連帯感を育んでいたと言うことができるのです。そうだとすると、部活動などの合宿訓練においても、同じような効果が期待されているのかもしれません。

さらに付け加えれば、現在の僧侶の多くは、修行道場から帰ってくると、それぞれのお寺の中で暮らし始めます。そうした個々のお寺でも、そこには本尊仏《ほんぞんぶつ》をはじめとして、様々な仏さまたちが祀られています。いわば、そうした仏さまたちの力が充満している中で、僧侶たちは日々の生活を送っているのですから、彼らは特定の修行道場から帰ってきた後にも、それぞれの寺院において、日夜「籠り」の修行を続けていると言うことができるのかもしれません。

ちなみに、お釈迦さまたちは遊行を原則とする修行を行っていましたが、雨期の百日間は道が冠水《かんすい》したり、清潔な飲み水の確保が困難になったり、あるいは毒蛇の活動が活発化して危険であることなどの理由のために、遊行をすることができませんでした。そのために、お釈迦さまたちは雨期の期間に限って、一か所に集まって集団生活を送っていました。これを「安居《あんご》」と呼んでいます。

日本における「籠り」の修行、とりわけ禅寺などでの修行は、この安居を模したものだと言われています。しかし、お釈迦さまたちの安居は、遊行を行うことができないためのやむを得ない選択でした。それに対して、日本の安居には、一切の外出を禁止する「禁足《きんそく》」という規則がありました。また、江戸時代には百日間を一単位とする安居を何回行ったかということが、修行の経歴として数えられていたようです。そうだとすると、日本の修行は「籠り」そのものを目的としていると言うことができるのではないかと思われます。

もっとも、日本の「籠り」の考え方は、元来は、お寺に籠ることよりも、むしろ山に籠ることから始まったと考えた方がいいのかもしれません。山には山の神さまのエネルギーが充満しているとか、山の中には仏さまの浄土が広がっているという考え方が、日本の「籠り」の原点のような気がします。若き日には四国の山中に籠って修行を続け、後には高野山の中に修行道場を開いた空海や、比叡山の山中を修行道場に定めた最澄の例、その比叡山に籠って千日間歩き続ける千日回峰行や、山に籠ってその力を身につけることを目指す修験道の例など、必ずしもお釈迦さまたちの安居とは結びつかない「籠り」の実践が我が国には多く存在します。「籠り」もまた、日本の宗教文化の一つの特徴と言えるのかもしれません。

8　仏教における「祈り」

さて、お話を仏教に戻しましょう。苦しみを取り除くためには、その原因である欲望を鎮めることが大切です。そして、そのためには、欲望を鎮める力を仏さまからもらうことが期待されているのですが、その力を利用して、欲望を鎮めるのはやはり自分自身の努力です。しかし、どれだけ頑張っても、自分の力で欲望を鎮めることができず、苦しみをなくすことができないとしたら、どうしたらよいのでしょうか。「私はもうだめだ」となった時に、どうしたらいいでしょうか。

そこで、最後に出てくるのが五つめのキーワードの「祈り」です。「仏さま、どうか私の苦しみを取り除いてください。お願いします」という祈りです。しかし、決して勘違いしないでいただきたいのは、第一章の最初に申し上げましたように、自分自身では何もせずに、「仏さま。私はあなたを信じています。すべてを仏さまに委ねますから、よろしくお願いします」ということではありません。そうではなくて、まずは自分でとことんやってみる。鎮める力を仏さまからもらうために、そして、その力を利用して欲望を鎮めるために徹底的にやってみたけれども、それでもダメだという時には、あとは仏さまの力におすがりしてもいいですよということなのです。

仏教では一世紀に大乗仏教が生まれたことによって、自分の苦しみを取り除くだけではなく、他の人々の苦しみをも取り除くことが目指されるようになりました。そのため、仏さまたちは必ず苦しんでいる者を助けて下さるという絶対的な安心感、いわば、セーフティ・ネットが準備されたのです。そのセーフティ・ネットに頼ることが、「私を助けてください」という、心の底からの祈りです。

親鸞聖人《しんらんしょうにん》は、徹底的な修行を行うことで、かえって自らの欲望や煩悩の根深さを悟り、自らの愚かさと向き合うことになりました。そうした絶望の果てに、最後にたどり着いたのが阿弥陀さまの準備してくださったセーフティ・ネットにすがることでした。考えてみれば、「自力」の修行を説く禅宗においても、最終的な悟りは自分の力で得られるものではありません。むしろ、それは徹底的な修行を積み重ねたあげ句、その時期がくると、自ずから得られるもの。香厳《きょうげん》という中国の唐の時代の禅僧は、徹底した修行を行っても目指す悟りを得ることができず、失意のうちに隠遁《いんとん》生活を送りました。ある時、たまたま箒《ほうき》ではいた石が竹に当たり、その瞬間に悟りを得たと伝えられています。この悟りの出現は「自力」を超えています。誤解を恐れずに言えば、自己を超えた大いなるものから与えられたものだと言ってもよいでしょう。徹底した修行を行った後に得られるべき最後の救いは、実は、自分の力だけで手に入れることはできないのです。残されているのは、ただ、その大いなるものに「祈る」ことだけなのです。

「人事《じんじ》を尽くして天命《てんめい》を待つ」という言葉がありますが、まさにそれこそが本当の「祈り」の境地だと私は思います。まずは自分でとことん頑張りなさい。とことん頑張って、それで幸せになれるのならば問題はないけれども、必ずしもそうならないことも少なくはありません。自分なりに頑張って、それでも苦しみから逃れることができないのであれば、その時にこそ、「仏さま。どうぞ、私を助けて下さい」と「祈り」を捧げてもいいのです。お釈迦さまは、己が身にひきくらべて他の人のことを考えるべきだと説きました。大乗仏教においては、自分の苦しみとともに、他の人々の苦しみをも取り除くべきことが目指されています。そして、そのために仏たちはいるのです。

仏さまの教えに従って、自ら全力で努力をしてみましょう。頭でいろいろと考えるよりも、まずはやるべきことをやってみましょう。その上で、あとは自己を超えた大いなるものを「信じる」。これこそが、仏教における究極の「信じる」という立場であり、すべてをやりきった者の、すがすがしい「悟り」の境地ではないかと私は考えています。

コラム③　面倒と迷惑

近年、檀信徒《だんしんと》の皆さまから、「家族葬」とか「密葬」というご希望をお聞きする機会が増えています。また、永代供養《えいたいくよう》や「墓じまい」のご相談を受けることも多くなりました。時代の変化を感じずにはいられません。

たしかに、こうしたご相談をされる方の中には、真にやむを得ない事情を抱えている方もいらっしゃいます。しかし、その反面、お話をうかがいながら、首をひねらざるを得ない事例もございます。いわく、「葬儀を公表すると、近所の人々に迷惑をかける」とか、「お墓を残すと、子供たちに迷惑をかける」等など。そこに共通するのは、「迷惑」をかけたくないという思いのようです。

けれども、葬儀に参列される方やお墓を守る方は、本当にそれを「迷惑」と感じているのでしょうか。たしかに、それらは「面倒」なことかもしれません。しかし、「迷惑」と「面倒」が同じとは限りません。

私ごとですが、最近、愛知県に住む親しい二人の友人、知人を相次いで亡くしました。そのために、三日の間に静岡県と愛知県との間を二往復することになりました。たしかに「面倒」ではありましたが、決して「迷惑」なことではありませんでした。むしろ、それぞれの方に最期のお別れをしたいという思いから、自ら「面倒」を行ったにすぎません。葬儀に参列できなければ、この方々にお別れをすることができず、私の中のモヤモヤした気持ちを抑えることができなかったでしょう。

もしかしたら、私が葬儀に参列したことは、ご遺族に面倒をおかけすることだったかもしれません。しかし、ご遺族にとってその方々が大切であるように、私にとってもかけがえのない方たちでした。その意味で、私が葬儀に参列することを許してくださったご遺族に対しては、心から感謝しております。

同じように、お墓を守ることは「面倒」かもしれませんが、必ずしも「迷惑」だとは限りません。むしろ、お墓がないことの方が、かえって遺族にとっては困惑の原因になるかもしれません。そのことは、海上や樹木の下での散骨を行った方々が、後になってお参りすべき場所を見いだせず、後悔したという幾つかの報告からもうかがわれます。早々に「墓じまい」を行うことの方が、遺された方にとっては「迷惑」になるかもしれません。

近年、ＮＨＫをはじめとするマスコミ報道などで、「家族葬」や「墓じまい」という言葉を耳にすることが多くなりました。また、いわゆる「有名人」と呼ばれる人々がそのような選択をしたことが報じられると、それこそが現代的なトレンドであり、それに従わないのは「時代遅れ」だという印象を抱く方も多いでしょう。

しかし、考えてみれば、今、私たちが行っている葬儀や供養、墓参りなどの作法は、数百年をかけて先祖たちが作り上げてきた一つのシステムであり、伝統的な文化です。そこには、亡くなる方と遺される方、親類縁者やそれ以外の知人たちの誰もが納得できる、最大公約数的な知恵が結集されていると言ってもよいでしょう。それを「迷惑」のひと言で片づけてしまうのは、やはり乱暴なことではないでしょうか。近所の人々や家族の方々に「迷惑」をかけないようにしたことが、かえって「ありがた迷惑」になってしまうかもしれません。今一度、「面倒」と「迷惑」について、落ちついて考えてみることも大切なことではないでしょうか。

（平成二八年）

コラム④　お客さまは神さまです

「お客さまは神さまです。」三波春夫さんといえば、というこの言葉が、今でも様々な場所で語られています。三波さんのご著書『歌藝の天地』によれば、この言葉は昭和三六年の春頃に、山陰地方のある町の学校の体育館で、司会の宮尾たか志さんとの掛け合いの中で飛び出したものだということですから、もう六〇年近くも語り継がれていることになります。

たしかに、芸人さんが舞台にあがったときに、客席に誰もいないというのでは話になりません し、お客さんが退屈するようでもいけません。ときには厳しい声をかけられることによって、芸人さんがお客さんに育てられることもあるでしょう。その一方で、満席のお客さんから割れんばかりの拍手を浴びせられるのは、芸人冥利《みょうり》に尽きることでしょう。そうだとすれば、芸人さんにとって、まさに「お客さまは神さま」に違いありません。

しかし、三波さんによれば、この言葉にはもう少し深い意味が込められていたようです。心を昇華して真実の芸を届けなければお客さんを喜ばせることができないし、そのためには神さまに手を合わせるのと同じように、敬虔《けいけん》な心で舞台に立たなければいけない。そうしなければ、自分はただ歌を唄うだけの歌手になってしまう。そこには、三波さんの芸人としての矜持《きょうじ》、プライドとともに、自戒の念が示されていたように思います。

けれども、この言葉はすぐに、三波さんの意図とはまったく異なる場面で使われるようになりました。例えば小売店や飲食店で、あるいは様々なサービス業の現場で、「お客さまは神さま」だから少しの粗相《そそう》もあってはならないとか、お客さまの前では自分自身が最大限へりくだらなければならないというような風潮が広まったのです。そして、そのような傾向は、「おもてなし」の名のもとで、近年さらに強まっているように感じられます。

その一つのあらわれが、「させていただく」という表現です。「挨拶させていただく」とか、「販売させていただく」というような形でこの表現は用いられています。もちろん、自分自身が生活をし、商売をすることができるのは、多くの人々の支えがあってのことですから、そこに感謝の念を抱くのは大切なことでしょう。しかし、たとえそれが単なる敬語表現だとしても、あらゆる場面で「させていただく」と表現しなければならないほど、自分を卑下する必要はないでしょう。

また、最近ではスーパー・マーケットやコンビニエンス・ストアでさえも、まるで王侯貴族の賓客《ひんきゃく》を迎える高級ブティックのように、店員さんが両方の手のひらを重ねてお辞儀をする姿を目にするようになりました。これはマニュアルどおりの作法でしょうが、私にはそうした形式的な挨拶の中に、店員さんのあたたかい気持ちを感じることができません。むしろ、昔の小売店のオヤジさんのように、元気な声で「ヘイ、まいど」と声をかけてもらう方が、はるかに心がこもっているように感じられるのです。

私たちは、いつからお客さまの「召使い」になってしまったのでしょうか。「お客さまは神さまです」という言葉に縛られている私たちは、もともと三波さんがその言葉に込めた矜恃とプライドを見失っているようにしか思えないのです。

その一方で、自分自身が「お客さま」になるとき、私たちは無意識のうちに「神さま」になっていないでしょうか。無理難題を押し付ける、いわゆる悪質な「クレーマー」ほどではないにしても、「私はお客さまだから、少しはわがままを言ってもかまわない」とか、「お客さまである私は、感謝をされて当然だ」という気持ちがまったくないと言えるでしょうか。たとえわずかだとしても、そのような気持ちを抱いたら、私たちは相手を「召使い」として見下していることになります。けれども、それはお客さまの前で自分自身が「召使い」になっているときの気持ちの裏返しでしかありません。

しかも、「召使い」となった人は、「神さま」から少しでもクレームをつけられないように、形式的な言葉、お行儀のよい挨拶だけを繰り返すことになるでしょう。そのとき、お互いの間では、心のかよったお付き合いはできなくなってしまいます。「神さま」であるはずのお客さま自身も、ただお金を払ってくれるだけの存在になりさがってしまうのです。

「お客さまは神さまです」という言葉を生んだ三波さんは、この言葉が流行したのは人間尊重の心が薄れたためではなかったかとも述懐《じゅっかい》されています。私たちは改めて、自らを大切にするとともに、相手を尊重することの大切さをかみしめてみる必要があるでしょう。そのとき、誰にとっても自分が一番大切な存在だ。だからこそ、誰に対しても自分に接するのと同じように接しなければならないというお釈迦さまの教えが、ふと頭に浮かんでまいります。この教えを実践するために、自らが尊大な「神さま」にならないよう、また、たとえ尊大な「神さま」が目の前に現れても心を乱すことがないように、もうひとつの魔法の言葉を胸に刻んでおきたいと思います。

実るほど　こうべをたれる　稲穂かな

（平成二九年）

第三章　尊厳を生きる

1　いのちの尊厳を考える

第三章では、仏教からみた「いのち」の問題を考えてみましょう。少々古い話ですけれども、一九八〇年代から九〇年代にかけて、いわゆる臓器移植の問題が世間の様々な場面で論じられました。そうした中で、臓器を提供したり受容したりすることは、人間の尊厳を守る行為と言えるのかとか、人間の尊厳に反するのではないかということが議論されていました。それ以来、わが国でも生命倫理の分野を中心として、「人間の尊厳」、あるいは「生命の尊厳」という概念が語られるようになりました。

あれから二、三〇年が経過して、今ではさすがに臓器移植の問題が話題にのぼることは少なくなりました。一時期はクローン人間の産生という問題が論じられたこともありましたが、それも過去の話です。むしろ、最近では生命に関わる問題として、尊厳死を容認すべきかという問題や、死刑制度の存続に関する問題、いじめと自殺、生殖医療や遺伝子治療などの問題が取り上げられています。これらの問題を語るためには、もちろん、いろいろな論点があるでしょう。けれども、それらはいずれも人間の「いのち」に関わるものであることから、こうした「尊厳」という言葉がしばしば用いられることになります。

ところが、私たちはこの「尊厳」という言葉を何気なく用いていますけれども、「尊厳とは何か」ということは、実に難しい問題です。『広辞苑』（第七版）で「尊厳」という言葉を調べてみますと、そこには「とうとくおごそかで、おかしがたいこと」と書いてあります。しかし、「とうとくおごそか」というのは「尊」と「厳」の漢字を訓読みしただけで、何も説明していないようなものです。ついでに「おかしがたいこと」と付け加えておけばいいだろうというくらいの説明ですから、この定義では何の役にも立ちません。また、「人間の尊厳」とか「生命の尊厳」という言葉に対して、日本では明確な定義がなされておらず、それらの言葉を語る人によってとらえ方が異なります。それどころか、「ヒトの尊厳」とか「人格の尊厳」などというように、微妙にニュアンスの異なる表現がなされることもあります。しかし、その場合でも、それぞれの違いが明確にされることはありません。

一方、仏教関係の方々も、しばしば「尊厳」という言葉を口にされます。けれども、誠に僭越ながら、多くの仏教関係者は「人間の尊厳」や「生命の尊厳」をまとめて「いのちの尊厳」とした上で、それを「仏のいのち」と言い換えることでよしとされています。では、「いのちの尊厳」とは何か、「仏のいのち」とは何か。そこから先の説明を一般の人たちは求めているにもかかわらず、そうした方々の多くは、「仏のいのち」という言葉ですべてを言い尽くしたかのように沈黙してしまいます。

なぜ「人間の尊厳」や「生命の尊厳」という言葉に対して、日本では誰もが納得できる定義を下すことができないのでしょうか。その最大の理由は、これらの言葉が本来は西欧諸国で生み出されたものであり、より端的に言えば、キリスト教の教えにもとづいて生み出されたものだからだという点にあります。ですから、キリスト教の信者ではない多くの日本人が、それをそのままの形で使おうとしてもうまくいくはずがないのです。

とは言え、こうした「尊厳」という言葉は、既にわが国でも生命倫理の分野のみならず、様々な分野で用いられています。しかも、「尊厳」の定義を明確にすることもせずに、それぞれの分野のキーワードとして用いられているのです。しかし、私たちがこの「尊厳」という言葉を用いようとするのであれば、やはり、私たち自身の文化にもとづいて、この言葉の定義を作りなおす必要があるのではないでしょうか。そのような思いにもとづいて、ここでは仏教からみた「いのちの尊厳」を、私なりに考えてみたいと思います。そして、最後にはその応用問題として、いのちの終わりの「看取り」の意味や、葬祭の意義などにも触れたいと思います。

2　社会と世間

さて、これから「いのちの尊厳」とは何かということを考えていくわけですが、その前に少し寄り道をして、「社会」と「世間」について考えてみたいと思います。尊厳を語るのに、なぜ社会とか世間という言葉を持ち出す必要があるのかと思われるかもしれません。実は、この社会とか世間という考え方が、「いのち」や「尊厳」の問題を考える際に、一つのカギになると私は考えているのです。

例えば、子供から「世間とは何か」とか、「社会と世間はどう違うのか」と聞かれることがあると思います。しかし、そのようなことを聞かれて、すぐに答えられる人は意外に少ないのではないでしょうか。とは言え、黙ってもいられませんから、「同じようなものだよ」と答えてしまうと思います。ところが、そのように答えた本人が、何か落ちつかない気持ちになるはずです。

例えば、不祥事を起こした会社の社長さんが、テレビ画面の中で「世間を騒がせて申し訳ありません」と謝罪する姿をよく見かけます。この場合、「社会を騒がせて申し訳ありません」とは言いません。あるいは、「世間さまに顔向けができない」とか、「世間さまのおかげです」とは言いますけれども、「社会さまに顔向けができない」とか、「社会さまのおかげです」とは言いません。やはり、「世間」と「社会」とでは、何か違うことは確かです。

では、どのように違うのでしょうか。まずは世間について考えてみましょう。この「世間」という言葉は、日本では極めて長い歴史を持っています。既に一四〇〇年も前に、聖徳太子が「世《せ》間虚仮《けんこけ》、唯仏是真《ゆいぶつぜしん》」という言葉の中で「世間」という単語を使っています。しかも、この「世間」という言葉の由来を探っていきますと、海を渡って中国に至り、さらにさかのぼってインドにまでたどり着きます。インドのサンスクリット語に「ローカ（loka）」という言葉があります。この「ローカ」という言葉が仏教とともに中国に伝えられました。中国人はインドから伝えられた経典をすべて中国語に翻訳し、そこで用いられている様々な言葉も中国語に置き換えました。その際に、「ローカ」という言葉も中国語に訳されました。それが「世間」、つまり「世の間」という言葉です。ですから、「世間」という言葉は、歴史的に仏教と深いつながりがあると考えてよいでしょう。

では、「世間」、すなわち「ローカ」はもともとどのような意味を表していたのでしょうか。「ローカ」とは、本来は「空間」とか「広い場所」という意味を表していました。そこから「世界」という意味が生まれ、さらには、その世界に住んでいる者たち、すなわち「仲間」という意味をも表すようになりました。つまり、「世間」というのは世界であると同時に、その中に住んでいる仲間たち。同じ世界に住む人と人とのつながり、ネットワーク、間柄。そんなニュアンスをもつ言葉なのです。

したがって、「世間を騒がせて申し訳ありません」というのは、「通常であれば穏やかなネットワークの調和を、私たちが乱してしまって申し訳ありません」ということになると思います。また、「世間さまに顔向けができない」というのは、「私の属しているネットワークの仲間に顔向けができない」ということであり、「世間さまのおかげです」という言葉は、「私に連なっている様々な人々のおかげです」という意味になるのではないでしょうか。

一方、「社会」という言葉が日本で使われるようになったのは、今から約一四〇年前、明治時代の初めのことです。当時、西欧からいろいろな思想や考え方が日本に押し寄せてきました。ところが、それまでの日本になかった考え方に対しては、それを表す日本語を新たに作る必要に迫られました。その時に作られたのが、例えば「宗教」とか「哲学」などという言葉です。「社会」という言葉も、明治一〇年頃に福地源一郎という人が「ソサエティ（society）」の訳語として作った新しい日本語だと言われています。ですから、「社会」という言葉は、日本においては「世間」よりもはるかに歴史の浅い存在だということになります。

しかしながら、その「社会」という考え方自体は、もともとヨーロッパの人々が非常に長い時間をかけて育んできたものです。ヨーロッパは、もちろんキリスト教の世界です。と言うことは、「社会」という考え方も、キリスト教の文化の影響を受けて生み出されたものだと言っても差し支えないでしょう。

キリスト教においては、言うまでもなく、神が絶対的な存在として信仰されています。しかも、たった一人の神が、世界のすべてのものを生み出し、すべてのものを支配しています。その神が、天地創造の一環として人間を生み出し、その人間を、自らが作ったこの世界に住まわせました。その際に、神はこの世界で暮らす一人ひとりの人間たちを、自らが設定した目に見えない枠の中に置きました。最初の人間であるアダムとイブが置かれたエデンの園は、その最初の枠と言えるでしょう。さらに、現在であれば、家族とか学校とか会社という名前で呼ばれる、この目に見えない枠こそが「社会」の輪郭《りんかく》であり、その輪郭の中で暮らしている一人ひとりの人間の集合体が「社会」の正体ということになります。

『広辞苑』（第七版）で「社会」という言葉を調べますと、そこには「人間が集まって共同生活を営む際に、人々の関係の総体が一つの輪郭をもって現れる場合の、その集団」と記されています。この説明にも示されているように、「社会」が成立するためには、その社会の輪郭、枠組みがはっきりと設定されることが必要なのです。

このように、「世間」は人と人とのつながり、ネットワークであるのに対して、「社会」は一定の枠の中に置かれた人々の集まりと言うことができると思います。たとえて言えば、絵を描く時に、輪郭線を書かずに色だけを塗って形を表す人と、輪郭線をはっきりと書いて、その中に色を置く人がいます。輪郭線のあるのが「社会」、輪郭線がなくて、絵の具だけでなんとなく形を表しているのが「世間」です。このように考えますと、「社会」と「世間」は根本的に考え方が違うと言わざるを得ません。それぞれの考え方の背景には、キリスト教と仏教という異なる宗教にもとづく文化の違いが存在するのです。

そうなりますと、共同体の秩序を守るためのルールも、社会の場合と世間の場合では根本的に違う概念だと理解する必要が出てきます。社会におけるルールとか法律は、神が設定した枠の中で、神が造った一人ひとりの人間が幸せに暮らせるように、神がその枠の中の秩序を維持するために与えたルールです。ですから、神が与えたルールに従うことは絶対的な善であり、そのルールに背くことは絶対的な悪となります。神の御心《みこころ》に従うか従わないかによって、善と悪を明確に分けることができます。すべては神に由来するのです。

それに対して、世間のルールはそこまで明確ではありません。そもそも、仏教においては人間を生み出した神の存在を認めていませんし、「世間」は人と人とのつながりですから、そこに関わる人々が、どうすれば仲間とうまくやっていけるのかを考えて、自分たちで作り出したものが「世間」のルールだと考えてよいでしょう。しかも、それは人間が作ったものですから、曖昧な要素を含んでいます。もちろん、必ずやらなければいけないことや、絶対にしてはいけないこともありますが、むしろ、「できればやったほうがいいけれど、無理なら仕方がない」とか、「本当はやってはいけないけれど、目をつぶってあげるから、早くやってしまいなよ」ということもしばしば起こります。「世間」においては、善悪を一応区別しながらも、人と人とのつながりを円滑にするために、いわゆるグレーゾーンをたくさん残しているのです。「だから、日本人はいいかげんなのだ」とか、「日本人は善悪もはっきり区別ができないから、だめなのだ」ということがよく言われますけれども、それはいいとか悪いという理屈以前の問題です。いわば、ヨーロッパの文化と日本の文化、あるいは、キリスト教にもとづく文化とそれ以外の宗教にもとづく文化の違いです。そのどちらが正しいとか間違っていると言うこと自体が、根本的に的外れな議論だと私は考えています。

3　神に支えられる「尊厳」

では、今お話しました「社会」と「世間」の違いを頭の片隅に置きながら、お話を「尊厳」の問題に戻したいと思います。先ほど申しましたように、「人間の尊厳」や「生命の尊厳」という考え方は、元来、キリスト教にもとづいて生み出されたものです。しかも、厳密には、「人間の尊厳」と「生命の尊厳」はまったく同じものではありません。「人間の尊厳」は「ディグニティー

（dignity）」と表されるのに対して、「生命の尊厳」は「サンクティティー（sanctity）」、つまり「神聖性」と表されます。このように、「人間の尊厳」と「生命の尊厳」、より正確には「生命の神聖性」とは別の概念だというのがキリスト教的な理解なのです。

それならば、この二つの概念は、それぞれ何を意味しているのでしょうか。先ほどから述べていますように、キリスト教においては、世界のすべてのものを神が一人で生み出しました。その際に、神はあたかも粘土細工を行うように、世界のあらゆるものを創造し、最後に人間を造りました。しかし、人間は他のものとは決定的に異なる存在で、粘土細工だけでは完成しませんでした。人間の身体は他のあらゆるものと同じように粘土細工で造られていますけれども、人間を造り出す作業の最後に、神は人間の鼻から身体の中に、「ふっ」と息を吹き込みました。この神の息こそが、人間の精神になっています。つまり、私たちの身体の中には、神から与えられた精神、すなわち人格が宿っているのです。だからこそ、人間は、「自然」と総称される他のあらゆるものとはまったく違う存在だというわけです。

そのように言いますと、「ちょっと待ってください。我が家の猫はニャアニャア鳴きますよ」と言う人がいるかもしれません。「猫や犬を石ころと同じ扱いにするとはけしからん」と怒る方もいるでしょう。しかし、それは時計が動物でも植物でもないのに、チクタクと言いながら動いているのと同じ原理だというのです。つまり、時計には精神が宿っていなくても、たくさんの歯車やゼンマイがうまく絡み合うことで時計は動いています。それと同じように、動物や植物も、様々な部品が組み合わされることによって動いているにすぎないと説明されているのです。しかし、人間は違います。人間は、神から与えられた人格を持っています。

皆さんの中にも、バチカンのシスティーナ礼拝堂に行ったことのある方がいると思います。その礼拝堂の天井に、ミケランジェロによる有名なフレスコ画が描かれており、その中に「アダムの創造」と名付けられた場面があります。この絵は少々美術的に脚色されていて、神がアダムの中に息を吹き込んだというよりも、神の指先からアダムの指先へ生命が吹き込まれるような感じになっています。けれども、神が粘土細工のようにして造り出したアダムの身体の中に、「いのち」を吹き込む様子が象徴的に描かれていると言えるでしょう。つまり、精神を与えられていなくても、アダムは動物と同じように動いています。しかし、その身体の中に精神が与えられることによって、アダムは初めて人間になったのです。

このように、人間は物質からなる身体に、神の息にもとづく精神、すなわち人格が吹き込まれることによって、はじめて人間としての「生命」をもつことになります。つまり、人間の「生命」は、神から与えられた精神に由来すると言うことができます。ですから、人間の生命は神のみが支配できるものであり、それは文字通り「神聖《しんせい》にして侵《おか》すべからざるもの」なのです。だからこそ、人間は勝手にその生命を左右するようなことをやってはならないし、たとえ何があっても、それを奪うことは許されないのです。ここに、キリスト教の説く「生命の尊厳」、より正確に言えば「生命の神聖性」という考え方が成立します。

一方、「人間の尊厳」はどのように説明されるのでしょうか。『聖書』の中で、神は人間を神自身に似た姿で、いわば神の「似姿《にすがた》」として造られたことが記されています。しかも、神は人間に対して、神に代わって地上のあらゆるものを支配する権限を委ねられたというのです。さらにもう一点。神は苦しみの中にある人間たちを救うために、神のひとり子であるイエスを人間の形で地上にお遣《つか》わしになられました。このように、人間は神の似姿であり、神から自然を支配する権限を委ねられており、神によって神のひとり子であるイエスを遣わしていただいている。神から見れば実に特別な存在ということになります。これが「人間の尊厳」ということです。

しかしながら、こうしたキリスト教的な考え方には問題があります。少なくとも、私たち日本人、もしくは仏教徒からすると、そのままでは受け入れられない点がいくつかあります。

まず第一に、この生命は神から与えられた精神にもとづくものだから神聖であるという点です。それならば、精神が身体から離れたら尊厳も消えてしまうのでしょうか。あるいは、亡くなった方の遺体には精神がないわけですから、その遺体には尊厳もないのでしょうか。精神が離れてしまった身体は、もはやただの物質にすぎないからどうでもいいと言うのでは、精神、すなわち人格をあまりにも偏重《へんちょう》しすぎています。身体のもつ重要性が無視されています。しかも、身体と精神が結びつき、一人の人間が生きている間に限って「生命の尊厳（神聖性）」や「人間の尊厳」が成立すると言うのでは、生きている人間しか相手にしないことになります。死んだらもう関係ない。死者に尊厳はないということになってしまうのです。そうなりますと、死者のための葬儀や、その後の法要などを行う意味が失われることになるでしょう。

第二の点は、神が一人ひとりの人間の身体に精神を注入していることに関係します。この精神があるからこそ、一人ひとりの人間は尊いのだという関係で結ばれていることを意味します。このように、「生命の尊厳」は、神と人間は一対一の関係で結ばれた精神に由来しているということは、そうした「尊厳（神聖性）」や「人間の尊厳」が神から与えられた精神に由来しているということは、そうした「尊厳」が基本的には個人単位のものであり、周囲の人々の存在を前提にしないことになります。「私は神と結びついている。だから私は尊い」と言っていることになります。もちろんキリスト教の方に言わせれば、「いや、それだけではないですよ」とおっしゃいます。しかし、基本的には神と人間との一対一の関係です。社会は、そのような個人が一つの枠の中に集まることで成立しているわけですから、その枠の中での人と人との関係は、「尊厳」の観点からしますと二次的なものになってしまうのです。

そして、何よりも私たちにとっての大問題は、キリスト教的な「尊厳」の考え方は、その背後に神という絶対的な拠り所をもっていることです。この神の存在を信じていない者からすると、キリスト教的な「尊厳」の概念は、残念ながら使い物になりません。言葉の上でいくら「尊厳」と言ったところで、しょせん、キリスト教の説く神を信じない日本人にとって、その「尊厳」はただの張りぼてです。中身がありません。そのような「尊厳」という言葉を日本語として振り回したところで、「あなたは何も語っていないに等しい」と言われてしまいます。そうだとすると、私たちはこのキリスト教的な、もしくは西欧的な「尊厳」という考え方をいったん捨てて、私たちなりに、仏教徒なりに、あるいは日本人なりにそれを作り変えていく必要があるのです。

4　人身受け難し

いよいよ仏教の立場から、「いのちの尊厳」を考えることにしましょう。今、お話ししましたように、キリスト教における「生命の尊厳（神聖性）」や「人間の尊厳」の考え方は、神が人間に与えた精神にもとづくものでした。しかし、大半の日本人は、この精神を与えてくれる神の存在を信じていません。そのため、日本人にとっての精神は、まさに根無し草の状態なのです。そのような根無し草の「精神」に、果たして「尊厳」を認めることができるのでしょうか。

また、日本ではこの「精神」のことを、一般には「心」と表現しています。けれども、その「心」ほど頼りないものは、他にはないかもしれません。いつも、ぐらぐらと揺れ動いています。「いいえ、私はいつも同じ心をもっています」と言う人がいるかもしれません。しかし、例えば車の運転を考えてみても、時間に余裕がある時には歩行者のために止まってあげたり、別の車に道路を譲ってあげる人が、急いでいる時には歩行者を無視したり、ゆっくり走っている車にクラクションを鳴らしたりしてしまいます。このように、人間の心はその場の状況に応じてころころと変わってしまいます。あるいは、周りの人々との関係によって、心はどんどんと変化します。まさしく、仏教の言葉で表せば「諸行無常《しょぎょうむじょう》」ということです。そのように、ころころ変わっていく根無し草のような日本人の「心」をより所にして、「尊厳」を認めることとは、やはり難しいように思います。

それどころか、キリスト教では身体の中に精神が吹き込まれたと考えています。つまり、身体と精神は別物だと言うのです。ところが、仏教では身体と心を切り離すことはできないと説いています。もしも嘘だと思われるならば、皆さんの「心」を見せてください。「はい、これが私の心です」と見せることのできる人はいないはずです。「手を見せろ」とか「顔を見せろ」と言うのであれば、それはいくらでも見せることができます。しかし、心を見せることはできません。

たとえ心臓をえぐり出したとしても、それはあくまで心臓であり、決して「心」ではないのです。つまり、「心」というものが単独で存在するわけではないのです。

もちろん、「心」がないわけではありません。けれども、身体と心は一体の存在です。身体があるから心もあるし、心があるから身体もあります。そして、その時に、私は「生きている」ということになります。そうだとすれば、私が「生きている」ことの根拠を、「心」だけに求めるわけにはいきません。

加えて、キリスト教では、神が人間の中に精神を吹き込むことによって、人間の「生命」は成立すると説いていました。しかし、こうしたキリスト教的な考え方から離れてみれば、「心」と同じように、「生命」もそれ自体が単独で存在することはありません。そこにあるのは、ただ、身体と心とが一体となった、一人の人間が「生きている」という事実なのです。そうだとすれば、キリスト教が説くような、神の息に由来する「生命の尊厳（神聖性）」はおろか、精神にもとづく「人間の尊厳」も語ることはできません。語ることができるのは、ただ、そこに一人の人間が生きているということの尊厳。あえて言えば、それこそが「人間の尊厳」であり、身体と心をもって生きている一人の人間のありようを「いのち」と呼ぶことができるとすれば、それは「いのちの尊厳」ということになるでしょう。

そのような「人間の尊厳」、もしくは「いのちの尊厳」を考えるために、ここで再び考えたいのが、「仏のいのち」という言葉です。とは言え、この言葉を私たちはどのように理解したらよいのでしょうか。そもそも、「仏のいのち」とは、仏さまから与えられた「いのち」なのか、仏さまに守られている「いのち」なのか、あるいは、仏さまによって造られた「いのち」なのか。少なくとも仏教においては、キリスト教の神のように、あらゆるものを生み出す創造主の存在を認めません。そうだとすれば、仏さまによって造られた「いのち」だとか、仏さまに与えられた「いのち」と理解するわけにはいきません。仏さまに守られている「いのち」とか、仏さまに支えられている「いのち」なら、まだいいかもしれません。しかし、そこにも問題は残ります。「仏」とは何かという問題です。

「仏」とは何でしょうか。例えば、お釈迦さまは「仏」です。しかし、私たちの「いのち」の一つひとつがお釈迦さま、つまりゴータマ・シッダールタという歴史上の人物に守られていると言えるでしょうか。私の「いのち」は二五〇〇年前に亡くなったお釈迦さまに守られているという説明は、残念ながら一般の人には理解し難いものだと思います。「阿弥陀如来に守られている」とか、「薬師如来に守られている」とおっしゃる方がいます。しかし、この考え方は、阿弥陀如来や薬師如来を信仰されている人にとっては納得できるでしょうけれども、あらゆる立場の人々が受け入れることは、恐らくできないと思います。

そこで、改めて考えてみれば、「仏」という言葉が示しているのは、ゴータマ・シッダールタ、つまりお釈迦さまだけではありませんし、阿弥陀如来や薬師如来といった特定の仏さまだけでもありません。お釈迦さまによって説かれた真理、すなわち仏法も、広い意味では「仏」と呼ばれるものなのです。『法華経《ほけきょう》』に説かれている久遠実成《くおんじつじょう》の仏陀とは、まさにお釈迦さまによって説かれ、代々の祖師たちによって受け継がれてきた仏教の真理を人格化したものです。そうだとすれば、私たちはお釈迦さまだとか阿弥陀如来という特定の仏さまではなくて、あらゆる仏さまたちによって守られ、あらゆる仏さまたちによって伝えられてきた仏教の真理を、「仏」という言葉で理解すればいいのではないでしょうか。そのような「仏」によって生かされ、その「仏」に守られ、その「仏」を自らも生きる。そのような意味で、「仏のいのち」を考えてみたらどうでしょうか。

そうしますと、次に問題になるのは、今私が述べた「仏」、すなわち仏教の真理とは何かということです。もちろん、仏教の真理は様々な形で述べられることができますが、ここで改めて注目したいのは、既に第二章のお話でも取り上げた「縁起」の思想です。「縁起」とは、基本的に、何らかの原因によって何らかの結果が起こるという因果関係のことを表します。つまり、「仏のいのち」とは、「縁起にもとづくいのち」、すなわち、「因果関係にもとづくいのち」ということになるでしょう。

具体的に述べるならば、私たちが今、ここで生きているということは、様々な原因や条件が集まった結果だということです。両親がいて、そのまた両親がいて、さらにそのまた両親がいることで、私の「いのち」は生まれます。しかも、たくさんの食べ物を食べなければ、言い換えれば、多くの植物や動物の「いのち」をいただかなければ、私たちは生きることができません。のみならず、そうした植物や動物を育ててくれる農家の人々に支えられながら、それらを養う太陽や土や水に支えられながら、無数のバクテリアや虫たちの働きに支えられながら、私たちは生きています。

しかし、それだけでもありません。病気で死にそうになったところを、何とか命拾いした人もいます。交通事故に遭いそうになりながら、危うく難を逃れた人もいます。あるいは、戦争を体験した人の中には、爆弾の雨の中を逃げ惑って九死に一生を得た人もいます。いろいろな偶然が集まって、その結果として、はじめて私は今、ここに生きているのです。身体と心をもつ一人の人間として生きているのです。このように、私たちの「いのち」は様々な条件や原因が集まり、それによって支えられているのです。これを「縁起に支えられたいのち」、つまり「仏のいのち」と呼ぶことができるのではないでしょうか。

しかも、こんなにすばらしいこと、こんなに貴重なこと、文字通り「有り難い」ことは、なかなかあるものではありません。そのことを、仏教では面白いたとえ話で説明します。すなわち、『阿含経《あごんきょう》』に出てくる「盲亀浮木《もうきふぼく》の譬《たと》え」です。何万年も何十万年もの間、ずっと深い海の中を泳いでいるために、目が見えなくなってしまった巨大な亀がいるそうです。この目の見えない巨大な亀が、百年に一度だけ海上に顔を出します。その時に、たまたま海の上を漂っている木切れがあり、そこに穴が空いているとします。この木切れの穴の中に、百年ぶりに顔を出した目の見えない亀が頭を突っ込む確率はどれくらいのものでしょうか。おそらく、計算できないくらいわずかなものでしょう。人間が人間として生まれてきて、今、ここで暮らしているということは、それと同じくらい「有り難い」ことだと言うのです。まさに「人身受《にんしんう》け難《がた》し」。これを「人間の尊厳」、「いのちの尊厳」と言わずして、何を「尊厳」と言うのでしょうか。この点に、「いのちの尊厳」に対する一つの答えを見出すことができるでしょう。

5　世間の中の主人公

しかし、まだ終わりではありません。私たちの周りには家族がいて、先生がいて、友人がいます。私たちは、そうした人々によって支えられながら生きています。けれども、そうした人々の周りにも、同じように家族がいて、先生がいて、友人がいます。このようなつながりは、どんどん広がっていき、やがては世界中のすべての人々をつなぐ巨大なネットワークになるでしょう。

先日、ある方の講演の中で、私たちは世界中の誰とでも、わずか五人の人を介するだけでつながりを持つことができるという話をうかがいました。最初は「まさか」と思いましたが、考えてみれば、確かにそうですね。アメリカに友人のいる人を見つければ、その人を通して情報はアメリカまでポンと伝わります。さらに、そのアメリカのどこかに住んでいる人がニューヨークに知り合いのいる人を見つければ、その人を通してニューヨークに住む人とコンタクトをとることが可能です。そうすれば、ニューヨークに住んでいる誰かとつながりを持つことができるわけです。このように、五人の人が関わるだけで、世界中のあらゆる人をつなぐネットワークができてしまいます。

つまり、私の周りにいるあらゆる人々のネットワークを広げていけば、あっという間に世界中の人がすべてつながってしまうのです。しかも、そうしたすべての人々の生活を支えている植物や動物、太陽、水、大地。そのすべても全部つながっているのです。そうしたすべての人やものをつなぐ無限のネットワークが、私を中心として広がっていて、私はそうしたすべての人やものによって、直接的にせよ、間接的にせよ、支えられているわけです。たとえて言えば、世界中のあらゆるものを結ぶ巨大なネットワークの真ん中で、あたかもトランポリンの上をピョンピョンと飛び跳ねているように、私たちは日々を送っているのです。その意味で、私たち一人ひとりは世界の中の主人公、「つながり」という意味で述べれば、「世間」の中の主人公と言うことになります。「縁起にもとづくいのち」とは、まさにそういうことではないでしょうか。

しかし、それでもまだ終わりません。こうしたつながりは、現在、この世に存在しているものだけの話ではないのです。私の両親には両親がいて、そのまた両親もいます。こうしたつながりは、最終的には地球の四六億年の歴史の一番最初のところまでつながっていきます。しかも、私の両親にも先生や友人がいたわけですし、そのまた両親にも先生や友人がいたはずです。さらに、彼らも様々なものを食べながら、自然の様々なものに支えられて暮らしていました。私の「いのち」は、こうした過去のあらゆるものとのつながりの中で、今、ここに存在しているのです。

ただし、私たちはこのように、一方的に他の様々な人やものに支えられているだけではありません。反対に、私たち自身も周りの人やものを支え、それらに影響を与えているのです。例えば、私が働くことによって家族が暮らしていますし、私が話をすることによって、誰かが何かのヒントを見つけることもあるでしょう。私の行動が誰かの役に立つかもしれません。赤ちゃんだって、「にこっ」と笑うことで周囲の人々を和ませてくれるのです。

しかも、そのように私が他者を支えているというつながりは、現在ばかりではなくて、過去や未来にも向かいます。例えば、近代国家としての日本のシステムは、明治政府の役人たちによって築かれました。今、私たちはそのシステムに支えられながら暮らしています。しかし、そのことは同時に、私たちがそのシステムを維持することによって、そのシステムを築き上げた明治政府の役人たちの「こころ」を支え続けることになります。あるいは、生かし続けていると言った方が妥当でしょうか。

仏教の教えも同じです。お釈迦さまが悟った教えを、人々は二五〇〇年にわたって受け継いできました。そして、その教えを拠り所にして、人々は暮らしてきたのです。しかし、もしも人々がお釈迦さまの教えを忘れてしまえば、あるいはまったく顧みることがなくなれば、仏教の伝統は失われることになります。つまり、私たちはお釈迦さまの教えによって支えられているとともに、私たち一人ひとりがお釈迦さまの教え、お釈迦さまの「こころ」を支え続け、生かし続けていると言うことができるはずです。

一方、未来に向かう例として、例えば環境を守る活動を考えてみましょう。私たちが環境を守ろうと心掛けるのは、五〇年後、百年後の子供たちの生活を、私たちが支えなくてはならないと考えているからです。私たちは環境を守ることによって、未来の子供たちを支えています。しかし、同時に、私たちが一生懸命守っている日本、もしくは世界を、未来の子供たちがしっかりと受け継いでくれるだろうと期待するからこそ、私たちは今、張り合いを持って頑張ることができるのです。私たちは、未来の子供たちの環境を守り、彼らの生活を支えると同時に、未来の子供たちが私たちの思いを受け継いでくれるだろうと思うことによって、未来の子供たちに支えられて生きているのです。

そうだとすると、私たちの一人ひとりは、過去から未来に至る様々な人やものに支えられながら、同時にそれらのものを支えながら生きていることになります。言い換えれば、あらゆる人とものつながりの中で、すなわち「世間」の中で生きているのです。この「世間」は、過去から未来に至るあらゆる人とものを結ぶ巨大なネットワークであるのに対して、私たちの一人ひとりは、このネットワークの中の一つの網目にすぎません。それも、取るに足りないほど小さな網目です。しかし、もしもこの小さな網目がほつれてしまえば、そこからほつれが広がって、網全体が破れてしまいます。たとえ小さな網目でも、それがあるからこそ網全体が成り立っていられます。同時に、この網目そのものも、周りの網目と結びついているからこそ成り立っているのです。人間の存在も、まさにこれと同じです。

つまり、私たち一人ひとりは「世間」という巨大なネットワークの中心に位置していると言うことができるでしょう。巨大なネットワークですから、物理的にどこが中心かなどということはわかりません。しかし、そんなことよりも、私はそのネットワークのすべてに支えられながら、同時にそのネットワークのすべてを支えながら、その中心に位置しているということこそが重要なのです。ただし、そのネットワークは、もはや一つの時代における平面的なものではありません。過去から現在、そして未来までをも包み込む重層的なものであり、そうしたネットワークの中心に位置する私たちの一人ひとりは、改めて「世間の中の主人公」ということになるのです。

ちなみに、仏教では過去と現在と未来を含むあらゆる時間を、三つの世界ということで「三《さん》世《ぜ》」と言います。また、あらゆる方向のことを、四方八方に上下を加えて「十方《じっぽう》」と言います。ですから、「三世十方」と言えば、過去から未来までの世界のすべてを言い表すことになります。そうだとすれば、「世間の中の主人公」は「三世十方の主人公」です。さらに、こうしたすべての世界の中には、詳しいことは省略しますけれども、欲界《よくかい》、色界《しきかい》、無色界《むしきかい》という三つの世界が含まれているということから、「三界《さんがい》」と表現されることもあります。つまり、私たち一人ひとりは「三界の主人公」と言うこともできるのです。

ただし、ここで少し立ち止まってみたいと思います。これまでのお話の中で、私は、私たち一人ひとりを取り巻くネットワークを無限に拡大してきました。しかし、ここで改めて、私たちを直接取り巻いている具体的な人やものとの関係に注目してみたいと思います。と申しますのは、先ほどから私は、私たちは周囲のあらゆる人やものに支えられながら、同時に周囲のあらゆる人やものを支えながら生きていると申してきました。このように表現すると、それはいかにも美しい関係、バラ色の関係のように思えるかもしれません。

けれども、よく考えてみれば、私たちは自らを支えてくれる人やものに対して、私たちを「支える」という負担を強いています。例えば、私が野菜や魚を食べると言うことは、そうした野菜や魚に犠牲を強いていることになるでしょう。また、私たちが周囲の人やものを支えていると申しましたが、場合によっては、周囲の人やものに迷惑をかけていることもあるはずです。例えば、私が受験に合格すれば、他の誰かがそのために不合格になるかもしれません。

そして、とりわけ私たちが死ぬ時に、私たちは一人で死ぬことができません。誰かに死亡診断をしてもらわなければなりませんし、亡くなった後の遺体の処理をしてもらわなければなりません。さらに、一人の人が亡くなれば、周囲には大きな影響が及びます。家族は悲しみますし、その人がそれなりの社会的な地位にあれば、社会全体が混乱します。身寄りのない人が亡くなれば、その人の葬式をどうするかということで自治体の職員が頭をひねります。このように、「支える」という言葉で語っている時にはバラ色に見えていた相互の関係が、「負担を強《し》いる」とか「迷惑をかける」という側面に注目したとたんに、一転して灰色の重苦しいイメージに転換してしまうのです。

しかし、たとえそうだとしても、相互に支え合い、相互に影響し合うという関係には、常にこのような表と裏が存在することを認めないわけにはいきません。時には、バラ色の側面と灰色の側面が、プラス・マイナス・ゼロになることもあり得るでしょう。しかし、それでもなお、私たち一人ひとりがそうしたネットワークの中心であることを否定することはできません。「世間の中の主人公」ということは、そうした負の側面をも含めた上で理解しなければならないのです。そうだとすると、仏教的な観点からみた「尊厳」は、決してバラ色の側面だけではなくて、むしろ他者に対して犠牲を強いるという厳しい側面をも見つめた上で、はじめて語ることができるものだということになります。しかし、それこそが、仏教的な観点から語るべき、本当の「尊厳」なのかもしれません。

ともあれ、ここまでお話をしてきましたように、私は仏教からみた「尊厳」を、他者との関係にもとづいて考えたいと思っています。先に見ましたように、『広辞苑』（第七版）の中で「尊厳」は「とうとくおごそかで、おかしがたいこと」と記されていました。何故に「とうとい」のか、何故に「おかしがたい」のか。「尊厳」の概念が成立するためには、やはり絶対的な、誰もが納得できるような拠り所が必要なのではないでしょうか。キリスト教では、その拠り所として神がいます。そして、その神から与えられた精神が「尊厳」の拠り所となりました。けれども、仏教にはそのような絶対的な神はいません。その代わりに、過去、現在、未来における世界中のありとあらゆる人やものをつなぐネットワーク、すなわち「世間」がその拠り所になっています。つまり、それは他者とのつながりの中で初めて成立する「尊厳」なのです。

とは言え、そうした「世間」の存在も、一般には言葉によって証明されるようなものではありません。むしろ、それは私たちが、日常生活の中でなんとなく感じているものにすぎないのです。多くの日本人は、神さまや仏さまの存在を、言葉を尽くした議論によって証明し、その上で神さまや仏さまを信じるのではなくて、なんとなく神さまや仏さまの気配を感じつつ、なんとなくそのご加護を願いながら、なんとなく神社やお寺にお参りをしているという話を第一章でいたしました。それと同じような感覚で、私たちはなんとなく世間の存在を感じながら、なんとなく世間の中で暮らしています。だからこそ、日本では改めて「尊厳とは何か」と言われてもぴんとこないし、言葉にもならないのです。あえて言葉にしようとしても、結局、たいしたことは言えません。しかし、それでよいのではないでしょうか。なんとなく世間の中で暮らしていることの中にこそ、日本人的な、もしくは仏教的な「尊厳」が隠れているのかもしれません。

6　天上天下唯我独尊

さて、仏教からみた「人間の尊厳」、もしくは「いのちの尊厳」は、私たちがあらゆる人やものを結ぶ巨大なネットワークの真ん中で、その主人公として生きている点にあるという結論が出たところですが、この点をもう少し、別の観点から考えてみたいと思います。

『ダンマパダ』、いわゆる『法句経《ほっくきょう》』の中に、お釈迦さまの次のような言葉があります。「もしもひとが自己を愛しいものと知るならば、自己をよく守れ。……自己こそ自分の主である。他人がどうして（自分の）主であろうか。自己をよくととのえたならば、得難き主を得る」（中村元訳『ブッダの真理のことば　感興のことば』岩波文庫、一九七八、三二頁）という言葉です。文字通り、自己こそが主人公だというのです。

私はこの一文を見るたびに、「天上天下唯我独尊《てんじょうてんげゆいがどくそん》」という言葉を思い出します。お釈迦さまが生まれた直後に語られたという言葉です。実のところ、誠に申し訳ないのですが、私にはいくらお釈迦さまといえども、生まれた直後にこのような言葉を語られたとは信じられません。しかし、それならばなぜ、仏教徒はこのような話を二〇〇〇年以上にもわたって大切に語り伝えてきたのでしょうか。また、この言葉は私たちにどのようなメッセージを伝えているのでしょうか。

この言葉にはいろいろな解釈がありますが、私はそれを勝手ながら次のように考えたいと思っています。お釈迦さまが亡くなる前に、弟子のアーナンダ、つまり阿難《あなん》尊者に対して、「自らを島とし、自らをたよりとして、他人をたよりとせず、法（真理）を島とし、法をよりどころとして、他のものをよりどころとしないでいるということ」（中村元訳『ブッダ最後の旅』岩波文庫、一九八〇、六三頁）、いわゆる「自灯明《じとうみょう》、法灯明《ほうとうみょう》」の教えを説かれました。「天上天下唯我独尊」という言葉は、この「自灯明、法灯明」とまったく同じことを言っているのではないかと私は考えているのです。

「天の上にも、天の下にも、ただ我ひとり尊い。」つまり、私たちが何らかの判断を下す際に、様々な人のアドバイスを求めますが、最後は自分で決断を下さなければなりません。学生が就職活動の結果として二つの会社から内定をもらったとしましょう。A社とB社のどちらか一方を選ばなければなりません。その時に、友人や先輩、先生や両親など、いろいろな人に相談をしたところで、皆が同じことを言ってくれるとは限りません。むしろ、それぞれにバラバラなことを言うでしょう。結局、最後は自分で決めるしかないのです。あなたにとって最後の拠り所はあなたしかいない。だから、あなたは様々な人の意見を参考にしながらも、最後は自分なりに的確な判断を下さなければなりません。そのためにも、常に的確な判断を下せるような自分を育てていきなさいということです。

そうだとすれば、お釈迦さまは生まれた直後と死ぬ直前に、いわば人生の最初と最後に同じことを語られたことになります。「あなたは世間の真ん中にいる主人公なのですよ。主人公なら主人公らしく、自分のことは自分で決めなさい。しかし、独りよがりになってはいけません。周りの人のことを考えて、周りにいる人の意見を参考にしながら、でも、最後は自分なりに決断を下しなさい。」これが「自灯明、法灯明」の教えであり、「天上天下唯我独尊」の教えなのだと私は理解しています。つまり、それこそが、二五〇〇年にわたってお釈迦さまの教えを語り伝えてきた仏教徒たちが、最も大切だと考えていたお釈迦さまの教えのエッセンスだと考えたいのです。その上で、この教えを自ら実践することで、私たちも自己の「尊厳」を生きることが可能になるのだと私は考えています。

ただし、ここで注意すべき点が一つあります。それは、私は「三界の主人公」だからと言って、他の人々に無用な迷惑をかけてはならないということです。先ほど申したように、私たちは「世間の中の主人公」である以上、否応なしに、周囲の人やものに対して犠牲を強いたり、迷惑をかけてしまうことは避けられません。しかし、それだからこそ、必要以上の負担や迷惑をかけてはならないのです。

お釈迦さまの言葉として、『サンユッタ・ニカーヤ』というお経の中に次のような一節が記録されています。「どの方向に心でさがし求めてみても、自分よりもさらに愛しいものをどこにも見出さなかった。そのように、他の人々にとっても、それぞれの自己が愛しいのである。それ故に、自分を愛する人は、他人を害してはならない。」（中村元訳『ブッダ神々との対話』岩波文庫、一九八六、一七〇頁）私は「世間の中の主人公」です。しかし、それと同じように、Aさんにとってはさん自身が「世間の中の主人公」ですし、Bさんにとってはさん自身が「世間の中の主人公」です。私が「世間の中の主人公」として振る舞うためには、そのことを周囲の人々から認めてもらわなければなりません。そのためには、私もAさんやBさんのことを「世間の中の主人公」として認める必要があります。つまり、AさんやBさんを前にした時、「そこに自分と同じ一人の人間がいる」という思いを抱くことが大切なのです。

この時に、単に「そこに一人の人間がいるから、その人を大切にしましょう」というだけではいけません。「そこに一人の人間がいる。でも、その人は自分よりもレベルの低い人間だから、どうでもいい」ということにもなりかねないのです。そのように考えると人種差別が起こります。そうではなくて、「そこに、まさに自分と同じ一人の人間がいる」と考えるのです。この「自分と同じ」という所がポイントになるはずです。

また、『スッタニパータ』というお経の中では、お釈迦さまが次のように語っています。「『かれらもわたくしと同様であり、わたくしもかれらと同様である』と思って、わが身に引きくらべて、（生きものを）殺してはならぬ。また他人をして殺させてはならぬ。」（中村元訳『ブッダのことば』岩波文庫、一九八四、一五三頁）私は「世間の中の主人公」です。しかし、あの人も私と同じく「世間の中の主人公」です。だからこそ、「わが身に引きくらべて」という言葉が生きてきます。「わが身に引きくらべて」、つまり、自分と同じ立場にある者として、他者を一人の主人公として尊重しなさい。自分が主人公であるためには、私を支えてくれている他のすべての人々も主人公だということを忘れてはいけません。そのように考えれば、必然的に「慈悲《じひ》」の思いが出てきます。自分が願う喜びを他者に与えることを意味する「慈」と、自分が望まないような苦しみを他者からも取り除いてあげることを意味する「悲」。その具体的な表れが、他者の必要としているものを、何の見返りをも求めることなく与えようという「布施」の実践になるわけです。

皆さんもよくご承知のように、仏教には五戒、すなわち五つのルールがあります。五戒とは殺すな（不殺生戒《ふせっしょうかい》）、盗むな（不偸盗戒《ふちゅうとうかい》）、淫らなことをするな（不邪婬戒《ふじゃいんかい》）、嘘をつくな（不妄語戒《ふもうごかい》）、酒を飲むな（不飲酒戒《ふおんじゅかい》）の五つです。この五つの戒に共通する教えは、いずれも過度の欲望を慎みなさいということです。過度の欲望を抱くから、私たちは無用の苦しみを経験することになります。ですから、苦しみから逃れようとする者は、過度の欲望を鎮めなさいというのが五戒の一つの意味だと私は考えています。

しかし、それだけではありません。五戒には、他者に余計な迷惑や苦しみを与えてはならないとか、世間の秩序を乱してはならないという教えも含まれていると私は理解しています。つまり、五戒は自らが苦しみから逃れるために過度の欲望を鎮めなさいということと同時に、他者に対しても余計な苦しみを与えることなく、「わが身に引きくらべて」、できる限りの幸せを他者に与えなさいという二つの教えが含まれているのではないでしょうか。そうすることで、私たちは初めて自分自身の「尊厳」を守ると同時に、他者の「尊厳」をも守ることができるのです。

7　尊厳からみる看取りと葬祭

さて、そろそろ終わりが近づいてまいりました。お話の最後に、「尊厳」の考え方の応用問題として、人生の終わりにおける看取《みと》りの意味と葬祭《そうさい》の意義について、簡単に触れておきたいと思います。とは言え、基本的な考え方は、これまでにお話ししてきたことで、ほぼ言い尽くしたと思います。

まずは看取りの意味についてです。看取りの場には、看取る人と看取られる人がいます。しかし、そのいずれの立場の人であれ、それぞれが一人の人間として、「世間の中の主人公」であることは同じです。のみならず、看取る人と看取られる人との関係も、小さいながらも一つの「世間」です。その「世間」をうまく動かしていくためには、一つの「世間」に連なる者同士が、どうやったらその絆をうまく保つことができるのかということを、常に自分達で考えることが求められます。たとえ白黒がはっきりしなくても致し方ありません。時にはグレー・ゾーンを使ってもかまわないと思います。むしろ、「世間」の絆、「世間」のネットワークを、その「世間」に連なる一人ひとりが守っていくことが重要な意味をもつはずです。

看取りの現場において、看取る人は常に看取られる人の心に何らかの影響を与えるでしょうし、反対に、看取られる人は看取る人の心に何らかの影響を与えるだろうと思います。いわば、主人公と主人公との関わりの中で、お互いがお互いを支え、支えられるという関係がここにも成立するのです。ですから、看取る人は看取られる人に対して、「あなたも私と同じ人間なのだ。世間の中心に生きている一人の主人公なのだ」と考え、その人のことを思いやりながら、同時に、看取られる人に対する自分自身の気持ちを整理することが必要でしょう。その一方で、看取られる人も、看取る人に対して「あなたも世間の中心だ」と認めながら、同時に自分自身の主体性を生き切ることが重要だと思います。結局のところ、看取る人と看取られる人との関係においても、最も重要なことは十分な時間をかけながら、お互いが相手のことを尊重し合う姿勢を築き上げていくことではないでしょうか。

しばしば指摘されることですが、ゆったりとした看取りの時間の中で、看取られる人との心の交流を果たすことができた人は、たとえその相手が亡くなったとしても、意外にさばさばした表情をしているようです。「おだやかに看取ることができて、本当によかった」と言う人もいます。反対に、例えば交通事故などで近しい人を突如失った人は、いつまで経っても心の整理がつかないと言います。それは、一年経っても、二年経っても変わりません。その最大の原因は、十分な看取りの時間をもつことができなかったために、本来、看取られる人との間で交わされるべき心の交流を行うことができず、結果的に遺された人は、自分が亡くなった人を支えてあげたという実感を持てないと同時に、亡くなった人に支えてもらったという思いも持つことができないからではないでしょうか。

そうだとすれば、やはり看取りの時間はできる限りゆったりとした、穏やかなものであって欲しいと思います。そうすることによって、初めて看取る人と看取られる人との間において、互いの尊厳を認め合う瞬間が現れるのではないでしょうか。結局のところ、「看取り」の問題も、「人間の尊厳」、「いのちの尊厳」を認め合うところから始まるのではないかと私は考えています。

一方、葬祭の意義についても考えてみましょう。ちなみに、「葬祭」という言葉には、ある人の死の直後に行われる葬儀と、その後、何年にもわたって繰り返し行われる法要の双方が含まれています。まず、葬儀における送る人（遺族）と送られる人（故人）の関係は、今、お話をしてきました看取る人と看取られる人の関係の延長上にあるように思います。つまり、お互いがお互いを支え合う関係です。もちろん、ここでは送られる人に、何らかの意識のようなものがあるのかどうかはわかりません。しかし、送る人と送られる人との間で、ゆったりとした心の交流を果たすことができたと思えるのであれば、「あの世」へ旅立つ者にとっても、この世に残る者にとっても、安らぎが得られることになるのではないでしょうか。また、遺族が故人の思い出を抱くことによって、故人は遺族の心の中に生まれ変わることになり、遺族は故人の思い出によって、悲嘆の底に沈む自らを支えてもらうことができるようになるのです。

それと同時に、葬儀は故人を送るためのものであり、故人と関わりのある多くの人が集まっているのですから、そこでの主人公が故人であることは言うまでもありません。しかしながら、故人を送るために集まった人たちも、自らが、その故人を中心とするネットワークに連なる者であるとともに、その故人とのつながりの中の一方の主人公であったことを確認することになるでしょう。その意味において、葬儀は故人と参列する生者の双方にとって、それぞれが主人公として、「尊厳」の持ち主であることを確認する場になると私は考えています。このように、葬儀は故人のためのものであるとともに、参列する生者のためのものでもあるのです。

しかも、そうした「尊厳」の確認は、葬儀のみならず、その後の年忌法要《ねんきほうよう》などにおいても同じように繰り返されます。加えて、年忌法要が繰り返されることによって、故人はこの世に「生き続ける」ことが可能になると私は考えています。そのことを説明するために、人間が生きているというのは、いつからいつまでのことを言うのかを考えてみましょう。実はとてもややこしい話なのです。

と申しますのは、一般的に、私たちは赤ちゃんが「おぎゃあ」と言ってから、お医者さまが「ご臨終です」と宣告するまでが人間の生きている時間だと考えています。しかし、まだお母さんのおなかの中にいる赤ちゃんに対しても、私たちは「赤ちゃん、元気ですか」と語りかけています。つまり、まだ「おぎゃあ」と言っていない赤ちゃんでも、言い方を変えれば、医学的にも、法律的にもまだ生まれていない赤ちゃんでも、家族の人々はそこに赤ちゃんという、一人の人間が生きていることを認めているのです。

反対に、たとえお医者さまから「ご臨終です」と言われても、たいていの人は「はい、そうですか」とはなりません。むしろ、「ご臨終です」と言われた人に対して、「お母さん、起きて」というような呼びかけをする例が多く見られます。その時に、「亡くなった人に対して、そんなことをしても無駄ですよ」ということを、通常は言いません。お医者さまから死亡宣告が出されても、「まだ目の前にお母さんがいるのだから、とても死んだとは思えない」というのが一般の人々の感覚ではないでしょうか。あるいは、身内の人の死に遭遇して、それまで悲しみをこらえていた人が、火葬炉の扉が閉まる瞬間に「わっ」と泣き崩れる例もしばしば見られます。その場合でも、「この人が亡くなったのは、もう一日以上も前のことなのに、なぜ今さら泣く必要があるのか」と言う人はいないでしょう。

それどころか、亡くなった人が火葬されて遺骨になっても、「まだ夢を見ているみたい」と言う人がいます。あるいは、四十九日や一周忌が過ぎても、「まだ母が生きているような気がしてならない」と言う人もいます。つまり、たとえ姿形がなくなったとしても、故人の面影は遺された人々の心の中に生きているのです。そうなりますと、人間は「おぎゃあ」と言った瞬間に生まれて、「ご臨終です」と言われた瞬間に死ぬだけの存在ではないように思えてきます。むしろ、お母さんのおなかの中でモゴモゴと動き始めた頃から始まって、故人の思い出を大切にしている人がいなくなるまで、一人の人間の一生は続いていると言えるのではないでしょうか。

そのような意味で、一人の人間が「死ぬ」のは、その人の三三回忌、もしくは五〇回忌が訪れた時だと言えるかも知れません。この三三回忌とか五〇回忌というのは、その人のために行われる最後の法要で、一般には弔《とむら》い上げと呼ばれています。これは、人生五〇年と言われていた時代に、亡くなった人の思い出をもつ人が、三三年から五〇年も経つと誰もいなくなってしまったことに由来します。つまり、故人の思い出をもっている人が生きている限り、たとえ姿形は見えなくても、故人はその親族の心の中に生きていると考えられているのです。

つまり、人間の寿命は自分一人で決められるものではないのです。生まれる前にはお母さんをはじめとする家族の力で生かしてもらっていますし、亡くなった後は遺された家族が守ってくれている限り、生き続けることができるのです。人間が生きているということの意味は、単にそこに姿形があるというだけではなくて、もっと深い意味があるように思えてなりません。

以前、ある古いお寺におうかがいした時に、本堂の中にその年の年忌法要にあたる人の戒名が掲示されていたのですが、すごい人がいました。実に三五〇回忌。亡くなってから三五〇年経っても、まだ子孫の人々によって大切に生かしていただいているのです。

さすがに、そこまで長い間、生かし続けてもらうことは難しいかもしれません。しかし、現在、わが国では人々の平均寿命が八〇歳を超えています。ただし、それはあくまで生物としての人間の平均寿命にすぎません。亡くなった後も、五〇回忌まで年忌法要を営んでもらえるとすれば、その人は遺族の中で五〇年間生き続けることができるのです。しかも、生まれる前には、お母さんのおなかの中で一年間暮らしています。そうしますと、人生は生前の八〇年と、おなかの中にいた一年と、死後の五〇年を加えて、合計一三一年となります。この一三一年を、人間の平均寿命と呼んでもいいのではないでしょうか。

先ほど、人間は一人で死ぬことができないと申しました。誰かがその人のことを覚えてくれている限り、あるいは、遺された者たちがその年忌法要を営んでくれる限り、故人はこの世から完全に消え去ることなく、遺された生者の心の中に生き続けることになります。そして、年忌法要が繰り返されることで、故人と遺された生者の双方の「尊厳」を確認する儀式は続けられます。こうして、葬祭、つまり葬儀と法要は、死んだ後は無論のこと、一人の人間が生きている間でさえも、その者が常に世間の中の主人公であることを私たちが確認する場となるのです。生者が故人の「尊厳」を守ると同時に、そこに連なるあらゆる生者の「尊厳」を守る場。もしくは、そのような「尊厳」に改めて気づくための場。そのような葬祭の場は、人々に対して「人間の尊厳」、「いのちの尊厳」を思い起こさせるための絶好の機会だと言うことができるでしょう。仏教からみる「いのち」とその「尊厳」は、こうして周りの様々な人やものに支えられたものであるからこそ、生死を超えて輝き続けることができるのではないでしょうか。

あとがき

檀信徒の方々から、大学ではどのような講義をしているのですかと尋ねられることがあります。一方で、大学の学生や同僚たちからは、お寺ではどのような法話をしているのですかと聞かれることがあります。しかしながら、私には、それが大学であろうとも、お寺であろうとも、あるいは、刑務所における教誨師としても、稀にお招きいただく講演会の講師としても、基本的には同じようなお話をすることしかできません。あえて言えば、その場にあわせて言葉遣いを少し変えてみたり、季節ごとに、あるいは年ごとに、話のテーマや取り上げる内容を少しずつ変えるくらいのことでしょうか。

本書では、現代の日本人と仏教との関わりについて、私なりに考えて、皆さんの前でお話をした三つの内容をまとめてみました。それぞれの章では、これまでに私が行った講演や講義の中から、同じような内容の数回分の記録をもとにして、その一部を取捨選択したり、相互に補ったりしながら、原稿としてまとめてあります。収載いたしました三つのお話に関して、もう少し掘り下げてみたいというご関心をお持ちくださいました方は、第一章と第二章に関しては拙著『仏法僧の現在《いま》―無宗教日本の葬式仏教―』（八千代出版、二〇二〇）を、第三章に関しては、同じく拙著『生死《しょうじ》の仏教学―「人間の尊厳」とその応用―』（法藏館、二〇〇七）をご高覧下されば幸いです。

振り返れば、平成二七年（二〇一五）に、拙寺（顕光院）における私の住職就任と、師匠でもある父の退任を記念して、祖父を含めた私たち三代の法話を集めた『三代のほとけ』を大法輪閣から上梓以来、はや六年半がたちました。そして、ふと気がつくと、今年は元亀二年（一五七二）に拙寺がそれまでの真言宗から曹洞宗に改められて以来、ちょうど四五〇年に当たっておりました。この年代に関しては、いささかの疑念もないわけではありませんが、寺伝にしたがって記念行事を行うことにいたしました。もっとも、昨今のコロナ・ウィルスの蔓延ということもあり、大がかりなことはできません。せめて六年前と同じように、仏教の教えと、仏教が私たちの暮らしや文化と密接に結びついていることを多くの方に知っていただく機会にしたいと願い、本書の刊行を企画いたしました。幸いにして、この度も大法輪閣から出版のご快諾をいただきました。心から感謝申し上げる次第です。また、前著と同様に、長年、顕光院を護持してくださっている檀信徒の皆さまと、本書を手に取ってくださった読者の皆さま、それに、本書の出版にご尽力くださったすべての皆さまに御礼申し上げて、本書のあとがきといたします。

令和三年　秋彼岸

顕光院曹洞宗開山四五〇年を記念して

木村　文輝

木村　文輝（きむら　ぶんき）

1964年生まれ。1988年名古屋大学文学部卒業。1988年～1989年インド・プーナ大学大学院留学。1995年名古屋大学大学院文学研究科修了。同年、名古屋大学より博士（文学）取得。愛知学院短期大学講師、同助教授、愛知学院大学教養部准教授を経て、現在、愛知学院大学文学部教授、曹洞宗顕光院住職、静岡刑務所教誨師。著書に『ラーマーヌジャの救済思想』（山喜房佛書林）、『挑戦する仏教』（編著、法藏館）、『生死の仏教学』（法藏館）、『仏法僧の現在』（八千代出版）、『宇津ノ谷峠の地蔵伝説』（静岡新聞社）、『三代のほとけ』（共著、大法輪閣）ほか。

〒420-0029 静岡市葵区研屋町45番地　医王山顕光院内

なんとなく、仏教 ― 無宗教の正体 ―

2021年12月5日　初版第1刷発行

著　者　木　村　文　輝
発行人　石　原　大　道
印　刷　三協美術印刷株式会社
製　本　東京美術紙工協業組合
発行所　有限会社 大　法　輪　閣
〒150-0022 東京都渋谷区恵比寿南 2-16-6-202
TEL 03－5724－3375（代表）
振替 00160－9－487196番
http://www.daihorin-kaku.com

　ISBN978-4-8046-8217-4　C0015